D1728437

Frank Wippermann ist als Trainer und Berater international tätig. Der geschäftsführende Gesellschafter der flow consulting gmbh unterstützt Organisationen bei der Durchführung komplexer Veränderungen und beim Umsetzen strategischer Neuerungen. Beratungserfahrungen in Industrie- und Dienstleistungsunternehmen wie auch Verbänden und Verwaltungen. Er konzipierte den theoretischen Hintergrund des flow-Konzeptes der „Iterativen Beratung" und entwickelte dazu neue praktische Beratungs- und Trainingsmethoden. Frank Wippermann studierte Elektrotechnik und Philosophie, er ist EFQM-Assessor der DGQ e.V.,

wippermann@flow.de   Mitglied im BPM-Netzwerk und gelistet im Expertenportal brainGuide.

Frank Wippermann

SHORT CUTS

Methoden, Instrumente, **Begriffe** für modernes Management

Klimakatastrophe und Du ?!

>>> Walhalla Workbook

19.10.24

Bibliografische Information Der Deutschen Nationalbibliothek

Die Deutsche Nationalbibliothek verzeichnet diese Publikation in der Deutschen National-
bibliografie; detaillierte bibliografische Daten sind im Internet über http://dnb.dnb.de abrufbar.

WALHALLA Workbook
www.WALHALLA.de/Workbook

Umschlaggestaltung: grubergrafik, Augsburg
Printed in Germany
ISBN 978-3-8029-3991-4

WIN-KDM-0112-15017-0

Schnellübersicht

*Stellen Sie sich einmal vor, wie schwierig Physik wäre,
wenn Teilchen denken könnten.*

Murray Gell-Mann

Kennen – Experimentieren – Kombinieren

Sie kennen diese Situation vielleicht: In einer Sitzung schlägt einer der Teilnehmer vor, nach der Pause doch mit den „Five Forces" oder den „Machtbasen" fortzufahren. Alle nicken mit einer wissenden Miene, wobei unklar ist, wieviel Schauspiel- oder Pokererfahrung hinter diesen Mienen steckt. Sie müssen jedoch damit rechnen, nach der Pause auf echte Kompetenz zu treffen. Und so sollten Sie vorbereitet sein: Five Forces – Welche fünf Kräfte sind das noch gleich? Was genau kann mit einer so durchgeführten Analyse ausgesagt werden? Wo sind die Grenzen, wo die Stärken? Ist von fünf Machtbasen die Rede, erinnern sich viele an das Stichwort Legitimation. Doch wie heißen die anderen vier? Welche Bedeutung für die Führungspraxis ergibt sich daraus? Ist das überhaupt noch der neueste Stand?

Ein kurzer Blick in diese „Short Cuts" genügt! Sie erfahren nicht nur, dass die „Five Forces" Wettbewerber, Lieferanten, Kunden, neue Anbieter und Substitutionsanbieter sind. Das hätten Sie während der Pause per Smartphone auch schnell bei Wikipedia abrufen können. „Short Cuts" liefert Ihnen aktuell und verständlich Einschätzungen zu den Tricks und Tücken der Anwendung und Beispiele für den Praxistransfer.

Die Geschichte dieser Short Cuts begann vor über zehn Jahren: Auf einem der regelmäßigen Treffen von flow gerieten wir in Auseinandersetzung darüber, was „Situatives Führen" denn genau sei, wie es mit den Führungsansätzen im Allgemeinen und mit

6

den Führungsstilen im Besonderen zusammenhinge. Eine Einigung konnten wir nicht erzielen – auch weil uns kein Fakten-Check" wie in der ARD-Sendung „hart aber fair" zur Verfügung stand. – Noch nicht.

Anlässlich dieser Diskussion entstand die Idee, alle für uns wesentlichen Begriffe, Ansätze und Methoden zusammenzutragen und zu beschreiben. Gesagt, getan. Zunächst entstand eine rein glossarische Ansammlung, ausgerichtet auf Inhalte rund um Führung und Veränderung.

Auf Anregung von Kolleginnen und Kollegen, die in einem Thema nicht so involviert waren, wurde das Glossar auch um solche Stichwörter ergänzt, die für Spezialisten zwar selbstverständlich, für weniger Erfahrene aber durchaus relevant sind. Nach und nach gewann das Lexikon eine umfangreichere und breitere Form.

Zudem wurden einige Kunden auf unsere Stichwortsammlung aufmerksam, weil ihr Gegenüber an der ein oder anderen Stelle während einer Moderation, einer Beratung oder einem Gespräch „in so einem kleinen Heftchen" herumblätterte (die meisten von uns hatten nämlich eine auf DIN-A5 ausgedruckte Broschur dabei). Diese Kunden wurden neugierig und wollten das auch haben – allerdings mit einer Zusatzfunktion zu den Begriffsdefinitionen und Methoden: Gewünscht wurde eine Bewertung und Abwägung von Chancen und Risiken, Stärken und Schwächen sowie von Einsatzmöglichkeiten und -grenzen. So wurde unser Beratungs- und Trainings-Know-how, das bis dato „hinter den Kulissen" versteckt war, auf die Bühne geholt.

Diese Sammlung ist somit aus der Praxis der flow consulting entstanden. Zunächst verbreitet unter verschiedenen Titeln – von „flow – Wichtige Begriffe", über „Glossar" bis hin zu „flow-Begriffe" (die Bezeichnung stammt von einem Kunden) –, möchte ich der vorliegenden Sammlung den Namen „Short Cuts", wörtlich die „kurzen Schnitte", geben. Dieser Name hat zwei Bedeutungen:

- Einerseits funktioniert diese Sammlung wie die Tastenkombination „Ctrl + X" für „Ausschneiden": Sie dient Ihnen als Abkürzung gegenüber Lexika, Lehrbüchern und den immer umfangreicher werdenden Angaben in Wikipedia.

- Andererseits ist er eine Anspielung auf den hervorragenden Film „Short Cuts" von Robert Altmann aus dem Jahr 1993. Darin werden einzelne Geschichten aus Los Angeles erzählt, die zunächst nichts miteinander zu tun haben. Nur durch den Hubschrauberflug zu Beginn und das Erdbeben am Ende des Films kann der Zuschauer die Stränge zueinander in Beziehung setzen. Diese Beziehung wird nicht vorgegeben, sondern vom Zuschauer jeweils individuell und auch immer wieder neu konstruiert.

In diesem Buch ergeht es Ihnen genauso: Nach einer kurzen Einführung zu FROMEC, dem Modell hinter dem Aufbau dieses Buches, präsentiere ich Ihnen Short Cuts, die zunächst nichts miteinander zu tun haben. Es liegt an Ihnen, für Ihre Herausforderungen die einzelnen Methoden, Begriffe und Instrumente zueinander in Beziehung zu setzen – und immer wieder neu zu kombinieren, zu experimentieren, zu bewerten und erneut anzuwenden.

Dieses Handbuch kann keinen Anspruch auf Vollständigkeit erheben. Die Vielzahl der möglichen Short Cuts ließe dies auch nicht zu. Bei der Auswahl der Begriffe habe ich mich von der Praktikabilität und Professionalität leiten lassen: Die Inhalte sollen anwendbar und fundiert sein. Diese Verknüpfung ist übrigens der Grund, dass auf einige verbreitete Begriffe, wie etwa Maslows Bedürfnispyramide, verzichtet wurde.

Dieses Buch ist das Ergebnis der vielen fruchtbaren Diskussionen innerhalb des Teams der flow consulting: Ich danke euch für eure Vorschläge, Verbesserungen, Hinweise und vor allem für eure

Widersprüche. Letztere hatten die größten Qualitätssprünge zur Folge.

Danke auch an Eva-Maria Steckenleiter und Melanie Krieger vom Walhalla Fachverlag für die Geduld mit mir und die immer sehr schnelle und professionelle Zusammenarbeit in Layout-, Lektorier- und vielen anderen Fragen.

Meinen Eltern ist dieses Buch gewidmet: Dass bei Auseinandersetzungen um Ziele, Konzepte und Entscheidungen Klarheit wichtig ist und daneben die menschliche Seite sowie die eigene Gelassenheit ebenso bedeutsam sind – das durfte ich von ihnen lernen.

Zeigen Sie Durchhaltevermögen beim Experimentieren mit den Methoden. Am besten, Sie halten es dabei wie Mick Jagger:

> *„You can't always get what you want*
> *But if you try sometimes you might find*
> *You get what you need."*

Rolling Stones, You can't always get what you want

Ich wünsche Ihnen viel Erfolg.

Frank Wippermann
wippermann@flow.de

Das FROMEC-Modell

Eine alphabetische Anordnung der Stichworte wäre zwar leicht verständlich, jedoch nicht praxistauglich. In dieser Struktur würden Begriffe, Techniken und Instrumente, die in der Praxis gut miteinander harmonieren, sich ergänzen, verstärken und teilweise Alternativen bieten, weit voneinander entfernt stehen. Um den Praxisbezug zu betonen, wurden die einzelnen Stichwörter sachlogisch nach dem sogenannten FROMEC-Modell geordnet.

> Die Buchstaben des FROMEC-Modells stehen für „flow: Richtung – Optimierung – Menschen – Erneuerung – Change".

Diese thematische Bündelung bietet Ihnen den Vorteil, in jedem Kapitel entlang Ihres Anliegens weiter stöbern zu können, auf weitere ähnliche Möglichkeiten zu stoßen und geeignete Kombinationen zu entwickeln.

Das FROMEC-Modell könnte auch „FCEOMR" heißen, doch wäre es sehr schwer aussprechbar. Die Reihenfolge der Buchstaben spielt keine Rolle, zumal in der Praxis die Reihenfolge variieren kann. Viele Phasenmodelle propagieren fest aufeinander folgende Schritte. Das verspricht zwar Sicherheit, die jedoch nicht garantiert ist. Denn wer vermag schon vorherzusagen, dass die soundsovielte Phase eines Modells genau dann zu den Anforderungen eines Veränderungsvorhabens passen wird, wenn diese Phase an der Reihe ist? So manches Mal werden Projekte derart geradegerückt, um ins Modell zu passen.

Wichtig: Nicht jede Reihenfolge ist zweckmäßig. Erst duschen, dann ausziehen – Experimente dieser Art müssen nicht sein. Doch heißt das nicht automatisch, immer nur auf den bewährten Wegen bleiben zu müssen: Schon Charles Darwin beließ es nicht bei Routine, sondern probierte aus, wagte neue Kombinationen – und kam so zu neuen Ideen und Möglichkeiten: „Only a fool makes no experiments."

Wichtig: Am Ende jeden Kapitels ermitteln Sie anhand einiger Fragen und Ihren Antworten das für Sie in der jeweiligen Situation passende nächste Kapitel. Auf diese Weise navigieren Sie sich selbst durch das Handbuch.

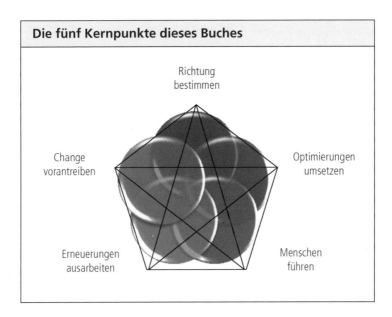

Die fünf Kernpunkte dieses Buches

Richtung
bestimmen

Change
vorantreiben

Optimierungen
umsetzen

Erneuerungen
ausarbeiten

Menschen
führen

Jeder Begriff wird anhand einiger Fragen und möglicher Antworten vorgestellt. Insgesamt sind neun Fragen möglich, bei einzelnen Stichworten werden nur die Fragen herangezogen (und beantwortet), die meines Erachtens am besten zum jeweiligen Begriff passen.

Das FROMEC-Modell

Die neun Fragen sind:

- Was ist das?

- Woher kommt das?

- Was kann ich damit machen?

- Was steckt dahinter?

- Wie gehe ich konkret vor?

- Was ist gut?

- Was ist schlecht?

- Worauf ist besonders zu achten?

- Worin besteht eine Alternative?

Ergänzt werden viele Begriffe mit einem Beispiel. Zudem lade ich Sie bei einigen Begriffen dazu ein, Ihren Fall strukturiert zu bearbeiten.

Führung: Basisbegriffe 1

Führung

Was ist das?

Führung ist weit mehr als Mitarbeiterführung; sie ist der Oberbegriff für das Steuern von Organisationen.

Was steckt dahinter?

Führung umfasst einerseits Aktivitäten zur Bestimmung des Führungswillens (Konzeption), andererseits die Äußerung dieses Führungswillens in praktischer Anwendung (Aktion). Konzeption und Aktion beziehen sich auf drei Bereiche:

- → *Management* als das Gestalten, Lenken und Entwickeln von Orientierungs-, Entscheidungs- und Führungsprozessen. Dadurch werden die organisationsinternen und -externen Kräfte der Organisation strukturiert zur Verfügung gestellt.

- → *Leadership* als die Identität der Führungskraft und die Rollen, die sie gegenüber Personen und Organisation einnimmt. Dadurch wird die Verantwortlichkeit der Person deutlich.

- Excellence als das kontinuierliche Weiterentwickeln und Erfüllen organisationsspezifischer und anspruchsvoller Ziele. Damit werden Ausrichtung und Fortschritt der Organisation verdeutlicht.

Wie gehe ich konkret vor?

Konzipieren und wirken Sie in den folgenden 18 Feldern:

	Konzeption	**Aktion**
Management	■ → *Strategie* ■ → *Struktur* ■ → *Kultur*	■ → *Prozesse* ■ Finanzen ■ Mitarbeiter
Leadership	■ Persönlichkeit ■ → *Haltung* ■ → *Motivation*	■ Entwickler ■ Begeisterer ■ Vorbild ■ Ermöglicher
Excellence	■ Ziele setzen ■ Ergebnisse messen	■ Planung ■ Bewertung ■ Umsetzung

Was ist gut?

Mit diesem Führungsverständnis begreifen Sie Ihre Rolle umfassend und haben mehr Einflussmöglichkeiten im Blick. Zudem können Sie die Wechselwirkungen zwischen den einzelnen Feldern besser verstehen und steuern.

Haltung

Was ist das?

Die innere Einstellung einer Person zu sich und zu anderen Menschen.

Woher kommt das?

G. W. Allport hat 1935 „Haltung" als das zentrale Kriterium herausgearbeitet, wodurch eine Führungskraft sich und andere prägt.

Was kann ich damit machen?

Sie können sich (und auch andere) in Ihrem Verhalten beobachten und daraus Folgerungen auf die diesem Verhalten zugrunde liegende Haltung ziehen. Bilden und bestätigen sich Muster in der Haltung, kann dies die → *Führung* von Mitarbeitern erleichtern.

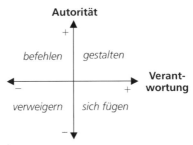

Was steckt dahinter?

Haltung entsteht aus der Kombination von Autorität und Verantwortung.

	Unterpunkt	Erläuterung
Autorität	Selbstwertgefühl	sich selbst als kompetent in herausfordernden Situationen erfahren
	Unabhängigkeitsverständnis	sich selbst als souverän bei der Meinungs- und Urteilsfindung erfahren
	Durchsetzungsvermögen	sich selbst als die eigenen Interessen behauptend erfahren
Verantwortung	emotionale	eigene Gefühle und die Gefühle anderer erkennen, verstehen und berücksichtigen
	soziale	anderen gegenüber offen sein, sie wertschätzen und unterstützen
	organisationale	Handlungen über den eigenen Verantwortungsbereich hinaus berücksichtigen

Ergebnis der Kombination sind die vier Haltungen:

- Gestalten

- Befehlen

- Sich fügen

- Verweigern

Dabei stellt „Gestalten" die Kombination aus positiver Autorität und positiver Verantwortung als die anzustrebende Haltung dar.

Was ist gut?

Mit dem Aspekt „Autorität" halten Machtphänomene Einzug in die Betrachtung der Haltung.

Macht

Was ist das?

Macht ist die Fähigkeit, auf andere einzuwirken und sie zu beeinflussen („Macht über") und eigene Ziele zu erreichen („Macht zu").

Woher kommt das?

Nach der legendären Definition von Max Weber (1922) bedeutet Macht „jede Chance, innerhalb einer sozialen Beziehung den eigenen Willen auch gegen Widerstreben durchzusetzen, gleichviel worauf diese Chance beruht."[1]

Was steckt dahinter?

Im Gegensatz zur Gewalt kann Macht nur dann ausgeübt werden, wenn der andere für die Grundlage der Macht zugänglich ist. Diese sogenannten Machtbasen können sein:

Machtbasen

- **Legitime Macht**
  Die Ansicht, dass eine Person eine Position zu Recht besetzt, verleiht dieser Person Macht.

- **Macht durch Belohnung**
  Der Geber erhält Macht, indem er Geld, Aufmerksamkeit oder Lob verteilt. → *Total Reward System*

- **Macht durch Zwang**
  Die Zurückhaltung von Belohnungen oder die Androhung verleiht dem Zwingenden Macht.

---

[1] Weber, M.: Wirtschaft und Gesellschaft, 1. Teil, 1. Kapitel, § 16.

> ■ **Macht durch Identifikation**
> Indem ein Gefühl der Verbundenheit hergestellt wird, beeinflusst der Mächtige die Einstellungen und Emotionen des Gegenübers. → *Transformationale Führung*
>
> ■ **Macht durch Wissen/Informationen**
> Wissen oder Fertigkeiten werden zur Grundlage von Macht, wenn sie in bestimmten Situationen für andere wertvoll sind.[2]

Darüber hinaus ist Macht das Ergebnis eines Zusammenwirkens von Regelmacht (Entscheidung über Spielregeln) und operativer Macht (Entscheidung über Maßnahmen vor Ort innerhalb von → *Regeln*).[3]

■ Satzungsmacht haben diejenigen, die Regeln bestimmen, ohne innerhalb dieser operativ tätig zu sein. Dazu zählen zum Beispiel Vorstände, Aufsichtsbehörden oder wichtige Kunden mit ihren → *Qualitätsmanagementsystemen.*

■ Alltagsmacht haben diejenigen, die innerhalb der von anderen festgelegten Regeln bestimmend wirken, zum Beispiel Führungskräfte in ihrem jeweiligen Verantwortungsbereich.

■ Umfassende Macht haben diejenigen, die sowohl die Regeln setzen als auch auf die Umsetzung innerhalb dieser Regeln einwirken, wie etwa geschäftsführende Gesellschafter.

■ Ohne Macht sind diejenigen, die weder Spielregeln aufstellen noch operativ Einfluss haben. Ob es im Zeitalter von Aufgabenautonomie und schlanker Organisation Personen ohne jegliche Macht überhaupt gibt, ist umstritten.

---

[2] Vgl. French, J. P. R. Jr./Raven, B.: The bases of social power.
[3] Nach: Winstanley, D.D./Sorabji, S./Dawson, S.: When the pieces don't fit: a stakeholder power matrix to analyse public sector restructuring.

Was kann ich damit machen?

Mit der Unterscheidung der Machtbasen können Sie einschätzen, worauf Ihre Macht in erster Linie beruht. Daraufhin können Sie versuchen, die wirkenden Basen zu verstärken und/oder bislang wenig genutzte Machtbasen zu aktivieren.

Die Unterscheidung in Regelmacht und operativer Macht hilft Ihnen, Ihre eigene Position innerhalb der gesamten Organisation, Ihrer Abteilung und auch gegenüber Kunden, Lieferanten oder Konzernzentralen zu beurteilen. Gleichzeitig können Sie damit Machtveränderungen, vor allem informeller und beiläufiger Art, auf die Spur kommen. → *Regel*

Wie gehe ich konkret vor?

Führen Sie sowohl vor als auch während und nach neuen Herausforderungen eine Machtanalyse durch. So können Sie sich Fettnäpfchen ersparen, sich selbst klarer steuern und aus Erfahrungen strukturiert lernen.

- Notieren Sie die wichtigsten Situationen, in denen Sie Einfluss auf andere ausüben und in denen Sie Ziele verwirklichen.

- Ordnen Sie jeder dieser Situationen zu, wie stark sie auf den einzelnen fünf Machtbasen beruht.

- Bestimmen Sie für jede dieser Situationen, ob sich Ihre Wirkung eher auf das Aufstellen von allgemein verbindlichen Regeln oder auf die Umsetzung von Maßnahmen (innerhalb von bestehenden Regeln) bezieht.

- Ziehen Sie aus der Analyse für sich die wichtigsten Konsequenzen.

Beispiel:

Der neue Geschäftsführer, fachlich ein Seiteneinsteiger, hat in den ersten vier Monaten seiner Tätigkeit eine neue Strategie in der Organisation verankert, die Aufgaben seiner Führungskräfte neu definiert, die Berichts- und Meetingkultur verändert sowie die Personalentwicklung systematisiert. Im Rückblick auf diese vier Monate (und auch schon vor und während dieser Zeit im Rahmen einer Beratung) analysierte er seine Machtsituation.

	Legiti-mation	Beloh-nung	Zwang	Identifi-kation	Wissen	Regel/operativ
neue Strategie	Erfolg im vorherigen Job				Draht zur Zentrale	90/10
Führungs-aufgaben			Drohung „Verset-zung"	voran-gehen – Vorbild		70/30
Berichts-/Meeting-kultur		v.a. positives Feedback		Unter-stützung		20/80
Personalent-wicklung			Budge-tierung		Know-how	80/20

Konsequenzen für den Ausbau seiner erfolgreichen Arbeit sind:

■ Bei Berichten und Meetings noch stärker auf Spielregeln achten. Sowohl bestehende Routinen („Rituale") nach und nach verändern als auch die Einhaltung bestehender Regeln durchsetzen.

- Die veränderten Führungsaufgaben weg vom Zwangscharakter führen. Positive Aspekte deutlich machen und vor allem durch die betroffenen Führungskräfte deutlich machen lassen.

- Nicht-materielle Elemente einer Belohnung für die Personalentwicklung entwickeln *(→ Total Reward System).*

- Bei der Strategie die Einbettung in die Konzernstrategie herausarbeiten und gegenüber der nächsten Führungsebene darlegen.

Verantwortung

Was ist das?

Verantwortung bedeutet das Einstehen für die Folgen eigenen Handelns oder des Handelns anderer.

Was kann ich damit machen?

Sie können damit vor dem Beginn von Handlungen klären, wer später wofür einstehen soll und nach den Folgen von Handlungen dieses Einstehen einfordern.

Wie gehe ich konkret vor?

Klären Sie vor Handlungen die folgenden sechs Punkte:[4]

- Subjekt: Wer ist verantwortlich? (Individuen, Gruppe, Organisation)

- Objekt: Was wird verantwortet? (Handlungen, Unterlassungen)

- Folgen: Wofür wird Verantwortung getragen? (Folgen, Nebenfolgen)

- Werte: Wie wird Verantwortung begründet? (Macht, Kompensation)

- Instanz: Wovor wird verantwortet? (Vorgesetzte, Gericht, Gremium)

- Zeitpunkt: Wann wird verantwortet? (vor, während oder nach der Handlung)

---

[4] Nach: Ropohl, G.: Neue Wege, Technik zu verantworten, S. 154–158.

Verantwortung

Sind zu einem Zeitpunkt noch keine Festlegungen zu Punkten möglich, klären Sie den Verantwortungsrahmen oder legen fest, anhand welcher Ereignisse sich Verantwortung wie herauskristallisiert („Wenn der Kunde so reagiert, dann …").

Was ist gut?

Mit den sechs Punkten lassen sich Verantwortungsbereiche klarer beschreiben. Die entsprechenden Antworten auf diese Punkte (in Klammern sind oben nur einige Beispiele angegeben) können in Organigrammen, → *Prozess*darstellungen oder → *Stellenbeschreibungen* formalisiert werden.

Worauf ist besonders zu achten?

Die Übertragung oder Übernahme von Verantwortung bedeutet nicht, dass der Verantwortliche auch bereit und/oder fähig ist, für die Folgen einzustehen. Die damit beschriebene Verantwortungsbereitschaft ist eine Frage der → *Motivation,* → *Werte* und → *Haltung*. Die Verantwortungsfähigkeit ist eine Frage der Fähigkeit zu der bewussten Entscheidung, für Handlungen und deren Folgen Sorge zu tragen. In → *komplexen Situationen* steigen die Anforderungen an diese Fähigkeit.

Vertrauen

Was ist das?

Vertrauen bezeichnet die Zuversicht hinsichtlich der Zuverlässigkeit einer anderen Person oder eines Systems.

Was steckt dahinter?

Der Begriff Vertrauen ist nicht eindeutig definiert. Derzeit ringen zwei verschiedene Verständnisse um Deutungshoheit:

- Vertrauen ist eine Form der Komplexitätsreduktion. Ausgehend von begrenzter Information wird ein bestimmtes zukünftiges Handeln erwartet. Vertrauen besteht „ohne Gewissheitsäquivalente"[5], da der Vertrauende in seinem Handeln davon ausgeht, dass bestimmte Bedingungen eintreten. Vertrauen ist somit immer eine „riskante Vorleistung"[6], die die Unsicherheit steigert.

- Vertrauen selbst ist ein hochkomplexes Phänomen. Es verweist immer auf mit dem Vertrauen beabsichtigte → *Zwecke*. Vertrauen bezieht sich „auf andere Werte, die im Vertrauen wirklich werden können."[7]

Beispiel:

Wenn Sie einem Mitarbeiter die nächste Kundenpräsentation (an-)vertrauen,

---

[5] Luhmann, N.: Vertrauen. Ein Mechanismus der Reduktion sozialer Komplexität, S. 6.
[6] Luhmann, N., a.a.O., S. 23.
[7] Hartmann, M.: Die Praxis des Vertrauens, S. 18.

- wissen Sie nicht, wie er das macht: Sie riskieren ein Scheitern, Ihre Unsicherheit steigt. Auf Ihrer Seite wird die Komplexität reduziert, weil Sie sich nicht weiter mit der Präsentation beschäftigen müssen.

- verfolgen Sie damit Zwecke wie die Erhöhung der Selbstständigkeit oder Expertise des Mitarbeiters. Auf Ihrer Seite steigert das die Komplexität, da „die Gründe, die das Vertrauen rechtfertigen, […] erst entstehen [können], weil vertraut wird."[8]

Was ist gut?

Mit den beiden Aspekten – riskante Vorleistung und instrumenteller Charakter – können Sie eigene Vertrauenssituationen doppelt analysieren.

---

[8] Hartmann, M., a.a.O., S. 16.

Management

Was ist das?

Management als Teilmenge von → *Führung* umfasst das Gestalten, Lenken und Weiterentwickeln der Organisation.

Was steckt dahinter?

Für das Managementverständnis sind zwei Aspekte der Aufgabe des Managements bedeutend: der Aspekt der Rolle und der Funktion.

Managementrolle

Ähnlich wie bei eindimensionalen → *Führungsansätzen* bewegt sich das Management zwischen Aufgaben

- der Konzeption, Koordination und Kontrolle (3K) sowie
- des „facilitating" – das heißt des Zur-Verfügungstellens eines Systems, in dem andere agieren.

Managementfunktion

Auch hier markieren zwei Positionen den Bereich, in dem sich Management bewegt. Danach besteht die Funktion des Managements darin,

- als operative Vertreter der Eigner deren Ziele zu erfüllen[9]
- die Fähigkeiten, Talente, Beziehungen und Motivationen der Beschäftigten als jeweils eigenständigen Faktor (und nicht als Produktionsfaktor) zu betrachten.[10]

---

[9] Vgl. hierzu die Diskussionen um das „Prinzipal-Agenten-Problem": Jost, P.-J.: Die Prinzipal-Agenten-Theorie in der Betriebswirtschaftslehre.

[10] Vgl. hierzu: Bruch, H./Ghoshal, S.: Entschlossen führen und handeln. Wie erfolgreiche Manager ihre Willenskraft nutzen und Dinge bewegen.

Worin besteht eine Alternative?

Die Alternative bildet das umgekehrte Verhältnis von Management zu Führung. Dann wird Management als Oberbegriff verstanden, Führung als Operationalisierung mit der Aufgabe, effiziente Abläufe und Lösungsroutinen zu gewährleisten.[11]

Was kann ich damit machen?

Sie können Ihr Selbstverständnis von Management überprüfen, Ihre Aufgaben bewusster definieren und Ihre Funktion für sich und gegenüber anderen klären.

Worauf ist besonders zu achten?

Vorsicht ist angebracht bei dem Versuch, eine klare Definition und ein verbindliches Verständnis von Management erreichen zu wollen. Dafür ist der Begriff zu schillernd.

---

[11] So: Rüegg-Stürm, J.: Das neue St. Galler Management-Modell.

destro

Was ist das?

„destro" ist ein Kunstwort – zusammengesetzt aus „deshalb" und „trotzdem".

Was kann ich damit machen?

Der Begriff liefert Ihnen die Möglichkeit, Sätze als Stolpersteine zu formulieren. Dadurch fordern Sie sich und andere dazu auf, bei einem Ereignis immer beides wahrzunehmen: die verstärkende Folge und zugleich die zurücknehmende Folge.[12]

Beispiel:

Machen Sie sich jeden der folgenden Sätze doppelt plausibel, mit „deshalb" und mit „trotzdem":

- Jetzt war die Kugel viermal auf rot – *destro* setze ich auf schwarz.

- Ich kenne ihn gut – *destro* traue ich ihm.

- Innovationen kosten viel Geld – *destro* sind sie wichtig.

- Dieser Ansatz der Produktinnovation in der Strategie ist mir unklar – *destro* werden wir das diskutieren.

- Wir erreichen manchmal etwas ganz anderes als zu Beginn gedacht – und sind *destro* gut und erfolgreich.

- In der Organisation gibt es sehr viele Regeln – *destro* geschehen viele Verstöße.

---

[12] François Jullien bezeichnet das chinesische Pendant „er" als „leeres Wort", durch das in „die Logik des Prozesses" eingetreten werden kann. (2006): Vortrag vor Managern über Wirksamkeit und Effizienz in China und im Westen. S. 60.

Was ist gut?

Mit solchen „destro"-Sätzen unterbrechen Sie vermeintliche Eindeutigkeiten und Klarheiten: Wenn ein- und dieselbe Sache zwei gänzlich verschiedene Folgen haben kann, werden Sie sich auf „eigentlich" klare Auslöser (z. B. Wahrscheinlichkeit, Menschenkenntnis, Investition, Evidenz, Pläne, Regeln) nicht mehr vorbehaltlos verlassen.

Worauf ist besonders zu achten?

Es ist schwierig, aus dem Stand heraus gute „destro"-Sätze zu formulieren. Doch dient dieser Begriff nicht nur der Reflexion, sondern auch als Ausgangspunkt für gemeinsame Diskussionen um ein „Für" und „Wider". Ungeduldige Zeitgenossen mit einer starken Präferenz für Eindeutigkeit und Aktion werden Ihnen da nicht folgen.

Das nächste Kapitel bitte

- Wo die Organisation genau steht, ist unklar.
- Prioritäten hinsichtlich der nächsten wichtigen Schritte müssen noch herausgebildet werden.
- Die Strategie der Organisation ist veraltet oder zu wenig bekannt.

Nehmen Sie sich jetzt Kapitel 2 „Richtung bestimmen" vor.

- Die genaue Auswertung von erbrachter Leistung fehlt bisher.
- Die nächste anstehende Aufgabe ist, die Organisation Schritt für Schritt besser werden zu lassen.
- Erfolge zu belohnen – materiell oder immateriell – ist ein wichtiger nächster Schritt.

Nehmen Sie sich jetzt Kapitel 3 „Optimierungen umsetzen" vor.

- Die Mitarbeiter wissen nicht, was sie zu welchem Zweck tun sollen.
- Mitarbeiter müssen jetzt eingesetzt und entwickelt werden.
- Mitarbeiter zu führen, ist die nächste anstehende Aufgabe.

Nehmen Sie sich jetzt Kapitel 4 „Menschen führen" vor.

- Wissen zu generieren und zu koordinieren, steht jetzt an.
- Gerade jetzt sind neue Ideen für die Organisation wichtig.
- Jetzt kommt es darauf an, Ideen auch umzusetzen.

Nehmen Sie sich jetzt Kapitel 5 „Erneuerungen ausarbeiten" vor.

Das nächste Kapitel bitte

- Die anstehende Veränderung auch wirklich anzugehen, ist das Gebot der Stunde.

- Neue Strukturen und neue Kulturen Hand in Hand zu verändern – das wäre jetzt gut.

- Es steht an, dieses System „Organisation" zu begreifen und zu steuern.

Nehmen Sie sich jetzt Kapitel 6 „Change vorantreiben" vor.

Richtung bestimmen 2

7-S-Modell

Was ist das?

Dieses Modell bezeichnet ein Organisationsmodell mit sieben Faktoren, die Ansatzpunkte für → *Changemanagement* sein können.

Woher kommt das?

Tom Peters und Robert Waterman stellten diese sieben Faktoren 1978 zusammen, um den Blick auf Organisationen zu erweitern. Auch sogenannte „weiche Faktoren" wie Organisationskultur oder Werte sollten gleichberechtigt zu „harten" Strategien oder Strukturen berücksichtigt werden.[13]

Wie gehe ich konkret vor?

Beschreiben Sie die derzeitige Situation zu jedem der folgenden sieben Faktoren anhand

- einer Analyse,

- einer Stärken- und Schwächenbewertung und

- einer Liste mit Maßnahmen,

um die Stärken zu unterstreichen und/oder die Schwächen zu beseitigen.

---

[13] Peters, T./Waterman, R.H.: In Search of Excellence.

Strategie (strategy)

- Wie konsistent werden die Maßnahmenbündel beschrieben, um langfristige Ziele zu erreichen?

- Wie gut unterscheidet sich die Organisation durch ihre Strategie von ihren Konkurrenten?

- Wie realistisch und systematisch werden notwendige Ressourcen zugeteilt?

Struktur (structure)

- Wie klar sind die Aufgaben untereinander aufgeteilt?

- Wie klar sind Verantwortlichkeiten zugeordnet?

- Wie ist sichergestellt, dass Informationen effizient und effektiv weitergeleitet werden?

System (system)

- Wie und durch wen werden Normen und Regelungen festgelegt?

- Wie verlaufen Budgetierungsprozesse und -kontrollen?

- Wie werden Leistungs- und Qualitätskennzahlen definiert und erhoben?

Organisationskultur (style)

- Welche historischen Erfahrungen stecken in der Organisation?

- Was macht das Miteinander in der Organisation aus?

- Wie werden die Werte der Organisation vorgelebt?

Mitarbeiter (staff)

- Wie werden die bestehenden Fähigkeiten der Mitarbeiter ins Zusammenspiel gebracht?

- Wie werden die Anforderungen an die Mitarbeiter formuliert und kommuniziert?

- Wie wird die persönliche Entwicklung der Mitarbeiter unterstützt?

Gemeinsame Werte (shared values)

- Was sind die Werte der Organisation?

- Wie werden die Werte erarbeitet und entwickelt?

- Von wie vielen Mitarbeitern werden die Werte geteilt?

Fähigkeiten (skills)

- Was zeichnet die Organisation gegenüber anderen aus?

- Was kann die Organisation am besten?

- Wie gut kann sie das – im Vergleich zu früher und zu ihrem eigenen Anspruch?

Was ist gut?

Das Modell eignet sich für eine überblickartige Analyse vor dem Start von Veränderungen, um sich ein erstes Bild zu machen.

Die sieben Faktoren sind untereinander verbunden, so dass neben der Einzelbeschreibung auch deren gegenseitige Abhängigkeiten berücksichtigt werden.

Was ist schlecht?

Zentrale Faktoren einer Organisation wie Kunden, Innovation oder Ergebnisse fehlen im Modell. Zudem gibt es keinerlei empirische Belege, dass diese sieben Faktoren die wirklich relevanten sind. Sie wurden 1978 auf dem oben erwähnten Treffen eher intuitiv zusammengetragen.

Worauf ist besonders zu achten?

Die Unterscheidung der sieben Faktoren in harte und weiche Faktoren kann dazu führen, dass

- die harten Faktoren (strategy, structure, system) bei Veränderungen zuerst angegangen werden, da sie nachweisbarer, konkreter und häufig auch dokumentierter sind.

- die weichen Faktoren (style, staff, shared values, skills) als wenig vorzeigbar und als vorerst vernachlässigbar interpretiert werden.

Eine so verstandene Veränderung wird an der Hartnäckigkeit der weichen Faktoren scheitern. Zwar sind die harten Faktoren belegbarer und zugänglicher als die weichen, jedoch sind sie auch viel zielstrebiger und kurzfristiger veränderbar: Strategien können morgen ebenso neu aufgelegt sein wie Organigramme oder Prozesse. Doch um Organisationskulturen, Werte, Mitarbeiter oder Fähigkeiten zu verändern, wird viel mehr Energie und Ausdauer notwendig sein.

Wichtig: Beginnen Sie Veränderungen (auch) immer mit den weichen Faktoren – um nicht an deren Verkrustungen und Widerständen zu scheitern.

Branchenanalyse (Five Forces)

Was ist das?

Die Branchenanalyse ist ein Verfahren zur Positionierung der eigenen Organisation innerhalb der Branche.

Woher kommt das?

Diese Analyse geht auf Michael Porter zurück, der 1980 die Wirkweisen von Einflüssen innerhalb verschiedener Branchen untersuchte. Nach ihrem Autor wird die Branchenanalyse deshalb auch „Porter's Five Forces" genannt.

Was kann ich damit machen?

Sie können die Umgebung, in der die Organisation agiert, analysieren und so frühzeitig auf Veränderungen aufmerksam werden. Das Ergebnis sollte anschließend in eine überarbeitete Strategie einfließen.

Wie gehe ich konkret vor?

Definieren Sie zunächst die Branche der Organisation. Eine Branche wird definiert als eine Ansammlung von Organisationen mit identischen oder ähnlichen Gütern.[14]

Nun untersuchen Sie, was typisch für die folgenden fünf Einflusskräfte auf die Branche ist:

---

[14] Die „International Standard Industrial Classification of All Economic Activities" gibt einen ersten Einblick in eine Branchenklassifizierung. Zugriff unter: http://unstats.un.org/unsd/cr/registry/regcst.asp?Cl=2

Branchenanalyse

Wettbewerber

- Sind die meisten Konkurrenten mit sehr ähnlichen Produkten am Markt?

- Wie hoch ist die Abhängigkeit von Ressourcen (z. B. Energie, Wasser) und funktionierender Infrastruktur?

Lieferanten

- Wie hoch ist der Konzentrationsgrad?

- Wie standardisiert sind die Zulieferprodukte?

Kunden

- Wie bedeutend ist Ihre Branche für den Kunden?

- Wie profitabel ist die Kundenbranche?

Neue Anbieter

- Wie hoch sind die Eintrittshürden in den Branchenmarkt (Kapital, Kosten, Vertriebskanäle)?

- Was macht die Branche für Neueinsteiger attraktiv?

Substitutionsanbieter

- Wie hoch ist die Wahrscheinlichkeit für Ersatzgüter?

- Wie ist das Preis-Leistungsverhältnis dieser Ersatzgüter?

Die Vielfalt und Flexibilität der Einflusskräfte ist Indiz für Bewegung in der Branche und damit für (zu erwartende) Veränderungen, auf die Sie sich einstellen sollten.

Für die stärksten Kräfte (jeweils in den fünf Feldern oder insgesamt – je nach Ergebnis der Analyse) nehmen Sie für jeden Mitspieler innerhalb der Kraft folgende Einschätzungen vor:

- Wie sieht er sich selbst?

- Welche Ziele hat er?

- Worauf legt er besonderen Wert?

- Wie hoch ist seine Risikobereitschaft?

- Wie führt er momentan die eigenen Geschäfte?

- Welche Veränderungen zieht sein Verhalten nach sich?

- Welche Vor- und Nachteile bringt das für uns?

- Wie sollen/müssen/können wir darauf (re-)agieren?

Beispiel:

Ein Kindergarten führt vor einer größeren Investition eine Branchenanalyse durch, um zu sehen, „woher der Wind weht". (Dieses Beispiel verwende ich gerne, um zu zeigen, dass die Branchenanalyse auch für Non-Profit-Organisationen funktioniert.)

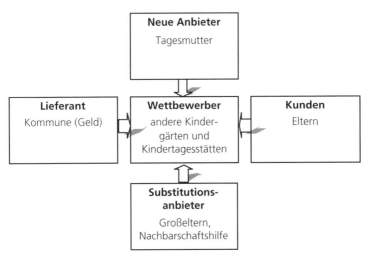

Branchenanalyse

Auswertung der Kraft „Tagesmutter" aus Sicht eines Kindergartens:

- Die Tagesmutter sieht sich selbst flexibler und als besonderes Angebot, das auf spezielle Elternwünsche eingehen kann

- Ziele: Zuverdienst, teilweise zusätzliche Betreuung von anderen Kindern neben den eigenen

- Die Tagesmutter legt größeren Wert darauf, dass die Kinder gut in die bestehende Gruppe passen

- Sie führt die eigenen Geschäfte eher passiv; kaum „Marketing", das über Aushänge beim Bäcker hinausgeht

- Das vermehrte Auftreten der Tagesmütter vergrößert die Angebotspalette

- Vorteil Kindergarten: Eltern mit Wünschen, die nicht in den Rahmen des Kindergartens fallen, können guten Gewissens an Tagesmütter verwiesen werden

  Nachteil Kindergarten: stärker werdende Konkurrenz , gerade im Bereich der „Unter-Dreijährigen"

- Reaktion des Kindergartens: Verstärkte Werbung, mehr Pressearbeit, Tage der offenen Tür, Einrichtung einer Eltern-Kind-Spielegruppe

Was ist gut?

Mit der Branchenanalyse wird nicht nur der Wettbewerb, sondern das gesamte Organisationsumfeld systematisch betrachtet. Chancen und Risiken können so besser eingeschätzt werden, vor allem, wenn nach mehrmaliger Branchenanalyse qualitative Trends vorliegen.

Was ist schlecht?

Die Branchenanalyse hat „Wettbewerb" als Leitmotiv – Kooperationen werden nicht betrachtet. Ebenso wenig werden die Wechselwirkungen zwischen verschiedenen Branchen in die Analyse mit einbezogen.

Worauf ist besonders zu achten?

Wird die Branchenanalyse nicht für die Branche, sondern lediglich für die eigene Organisation durchgeführt, ist das Ergebnis in seiner Aussagekraft geschwächt.

Kernkompetenz-Analyse

Was ist das?

Dieser Begriff kommt aus der Strategieentwicklung. Dabei wird eine Organisation als ein Portfolio von Fähigkeiten betrachtet, das sich quer durch bestehende Geschäftseinheiten zieht.

Woher kommt das?

Den Begriff der „Kernkompetenz" brachten Coimbatore Prahalad und Gary Hamel 1990 in die Strategiedebatte ein. Bis heute ist er einer der wesentlichen Organisationsmerkmale.

Was kann ich damit machen?

Ziel dieser Analyse ist die Einschätzung, worin die Alleinstellungsmerkmale der Organisation liegen und welcher Art diese sind. Auf diese Alleinstellungsmerkmale kann (und soll) die Organisation in Zukunft aufbauen.

Wie gehe ich konkret vor?

Bestimmen Sie zunächst die möglichen Kernkompetenzen. Dabei können Sie die folgenden Leitfragen verwenden:

- Welche Produkte, Dienstleistungen und Projekte machen uns erfolgreich?

- Was waren die erfolgreichsten Produkte der letzten Jahre?

- Welche Geschäftsfelder haben sich besonders erfolgreich entwickelt?

■ Welche Faktoren waren für diesen Erfolg ausschlaggebend?

■ Welches waren die maßgeblichen Innovationen in den vergangenen Jahren?

■ Für welche Kundenprobleme haben wir in jüngster Zeit besonders gute Lösungen gefunden und warum?

Für jede der so bestimmten Kernkompetenzen wird analysiert, wie stark die vier folgenden Prüfkriterien erfüllt sind:

■ wertvoll:

Kompetenz erhöht Effizienz und Effektivität

■ selten:

Wettbewerber verfügen nicht über diese Kompetenz

■ schwer imitierbar:

Wettbewerber können die Kompetenz nur stark zeitverzögert aufbauen

■ nicht substituierbar:

Kompetenz kann nicht durch andere Fähigkeiten umgangen werden

Je mehr dieser vier Prüfkriterien erfüllt sind, desto mehr wird die Wettbewerbsfähigkeit verbessert. Sind alle Prüfkriterien erfüllt, liegt ein nachhaltiger Wettbewerbsvorteil vor.

Prüfen Sie Ihre Wettbewerbsfähigkeit				
wertvoll	selten	schwer imitierbar	nicht sub-stituierbar	Wettbewerbs-effekt
nein	nein	nein	nein	Nachteil
ja	nein	nein	nein	Parität
ja	ja	nein	nein	temporärer Vorteil
ja	ja	ja	nein	inkrementeller Vorteil
ja	ja	ja	ja	nachhaltiger Vorteil

Was ist gut?

Mit der Kernkompetenz-Analyse wird der Blick auf die eigene Organisation gerichtet, sie ist „Maß aller Strategie" und fördert dadurch in aller Regel das selbstbewusste Auftreten.

Was ist schlecht?

Können keine klaren Kernkompetenzen identifiziert werden, führt das entweder zu Frustration oder – als eine Art Ersatzhandlung – zur Bestimmung ungenauer oder vorgespiegelter Kernkompetenzen. Darauf eine Strategie aufzubauen, kann gefährlich sein.

Zudem ist das Feststellen einer Kernkompetenz empirisch schwierig – ähnlich wie → *Erfolgsfaktoren* sind sie eher eine retrospektive Beschreibung.

Worin besteht eine Alternative?

Eine Alternative bietet die Kombination mit anderen Analyse-Werkzeugen wie → *Branchenanalyse*, → *Portfolio-Analyse* oder → *SWOT*.

Übung:

Als eine Kernkompetenz „K" meiner Organisation vermute ich:

_____

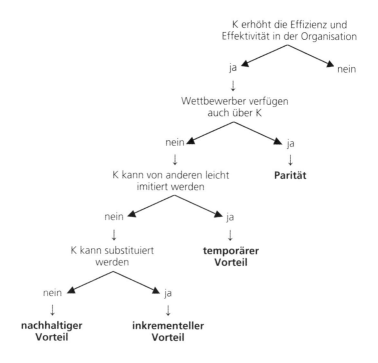

Portfolio-Analyse

Was ist das?

Dieses Analyse-Modell dient der Steuerung und Ausrichtung des Produktportfolios einer Organisation, mit dem Ziel einer ausgewogenen Geschäftsstruktur.

Woher kommt das?

Bekannt wurde die Portfolio-Analyse durch die Boston Consulting Group, daher wird sie auch „BCG-Matrix" genannt. Sie wird seit den 1970er Jahren eingesetzt und ist eine der bekanntesten Analyseverfahren zur Strategieentwicklung.

Was kann ich damit machen?

Mit der Portfolio-Analyse können Sie die Produkte einer Organisation in Bezug auf deren Produktlebenszyklus analysieren und daraufhin Maßnahmen ergreifen, wie Sie mit diesen Produkten fortfahren.

Wie gehe ich konkret vor?

- Erheben Sie die Kennzahlen zu den folgenden Kriterien für jedes Produkt oder jeden Geschäftsbereich:
  - Relativer Marktanteil (als Quotient aus eigenem Umsatz und Umsatz des stärksten Konkurrenten)
  - Marktwachstum
  - Umsatz

Portfolio-Analyse

- Tragen Sie diese Kennzahlen in ein Diagramm ein:
  - X-Achse: der relative Marktanteil (als durch die Organisation beeinflussbares Kriterium)
  - Y-Achse: das Marktwachstum (als durch die Organisation gar nicht oder nur mittelbar beeinflussbares Kriterium)
  - Die Größe der Markierung (meistens ein Kreis) richtet sich nach dem Umsatz
- Tragen Sie ein Achsenkreuz ein:
  - Vertikal bei „1"
  - Horizontal beim Mittelwert der Marktwachstumskennzahlen
- Für jede der vier sich aus dem Achsenkreuz ergebenden Quadranten lassen sich die folgenden Handlungsempfehlungen ableiten:

Anteil	Wachstum	Name	Handlung
hoch	hoch	Stars	investieren
hoch	gering	Cash Cows	ernten / „melken"
gering	hoch	Question Marks	selektiv vorgehen
gering	gering	Dogs[15]	desinvestieren

[15] In der deutschen Managementliteratur werden Sie hier häufig „poor dogs" lesen – im Original sind es nur Hunde, wenn auch arme, weil sie kaum mehr Futter bekommen.

Beispiel:

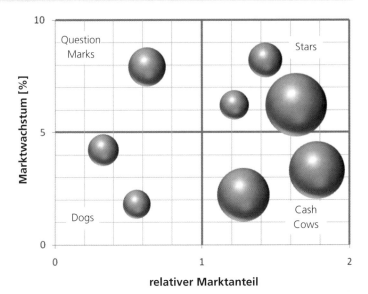

Worauf ist besonders zu achten?

Mittlerweile wird das Prinzip der Portfolio-Analyse auch mit vielen anderen X-Y-Kriterien angewendet – beispielsweise „Ressourcenstärke" und „Technologieattraktivität". Damit entfernt sich die Portfolio-Analyse von ihrem theoretischen Kern – das heißt der Aussagegehalt solcher Analysen ist weniger fundiert.

Was ist gut?

Die Portfolio-Analyse ist ein einfaches und übersichtliches Instrument, um die eigene Produktlandschaft zu ordnen. Sie ist zweidimensional und damit differenzierter als beispielsweise die → *ABC-Analyse.*

Was ist schlecht?

Die Portfolio-Analyse zieht nur ein durch die Organisation beein-flussbares Kriterium heran, den relativen Marktanteil. Dieser ist je-doch nur einer von vielen → *Erfolgsfaktoren* einer Organisation.

Der Produktlebenszyklus, der der Portfolio-Analyse zugrunde liegt, ist kein Gesetz mit Prognosecharakter („Immer wenn ..., dann ..."). Der Fortgang eines Produkts wird durch viele Faktoren beeinflusst (→ *Stakeholder-Analyse*), so dass sich aufgrund interner wie ex-terner Aktivitäten das Potenzial eines Produkts überraschend ver-ändern kann. Zu diesen Faktoren gehören u. a.:

- Innovationen, insbesondere Substitutionen

- Preisgestaltung und -entwicklung

- Marketing (eigenes und das der Wettbewerber)

- Allgemeinwirtschaftliches (Konsum-)Klima

- Aktivitäten der Wettbewerber

- Gesetze oder Auflagen

Wichtig: Für strategische Entscheidungen sollte daher die Portfo-lio-Analyse nie als alleinige Analyse herangezogen werden.

Worin besteht eine Alternative?

Sie können andere Produktlebenszyklus-Modelle (wie die 9-Fel-der-Analyse von McKinsey oder die 16-Felder-Analyse von Arthur D. Little[16]) verwenden. Diese sind differenzierter im Ergebnis, soll-ten jedoch auch nie allein verwendet werden.

---

[16] Hier fehlt demnächst doch die 25-Felder-Analyse eines weiteren auf Expertenbera-tung spezialisierten Unternehmens ...

Stakeholder-Analyse

Was ist das?

Die Stakeholder-Analyse beschreibt eine Untersuchung und Einschätzung der Gruppen, mit denen eine Organisation aktiv interagiert.

Woher kommt das?

Nicht nur die Anteilseigner („shareholder") haben Einfluss auf Organisationen, sondern ebenso weitere Anspruchsgruppen („stakeholder"). Das wird erst seit ungefähr zwanzig Jahren durch systematische Analysen ins Kalkül gezogen.

Was kann ich damit machen?

Mit der Stakeholder-Analyse können Sie:

- die Anspruchsgruppen der Organisation benennen
- ihre Bedeutung für die Organisation klären
- den Umgang mit Ihren Forderungen und Bedürfnissen planen

Wie gehe ich konkret vor?

Anspruchsgruppen für eine Organisation sind in der Regel:

- Staat, Lieferanten und Konkurrenz als Gruppen, die eher Rahmenbedingungen oder Ressourcen von außen bereitstellen
- Kapitalgeber, Kunden und Mitarbeiter als Gruppen, die unmittelbar von der Wertschöpfung einer Organisation betroffen sind
- die Öffentlichkeit (dazu gehören Medien, NGOs), die beiden Gruppen zugeordnet werden können

Stakeholder-Analyse

Schritt 1

Zunächst werden für jede Anspruchsgruppe die einzelnen Repräsentanten, die für die Organisation wesentlich sind, konkret benannt: Wer auf staatlicher Seite ist für die Organisation wichtig – Aufsichtsbehörden, Verwaltung, Subventionsgeber? Welche Lieferanten sind bedeutend? usw.

Für jeden dieser Stakeholder wird auf einer Zahlenskala (meistens von 0 bis 10) quantifiziert,

■ wie hoch der bestehende und der mögliche Einfluss des Stakeholders auf die Organisation ist und

■ wie hoch die bestehende und mögliche Beeinflussbarkeit des Stakeholders durch die Organisation ist

Tragen Sie nun jeden Stakeholder in ein Diagramm ein:

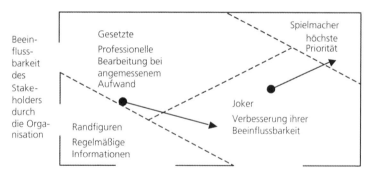

Einfluss des Stakeholders auf die Organisation

● derzeitiger Einfluss/Beeinflussbarkeit

▶ möglicher Einfluss/Beeinflussbarkeit

Typische Vertreter der einzelnen Bereiche sind:

■ für den Spielmacher: KeyAccount-Kunden (hoher Einfluss, hohe Beeinflussbarkeit)

- für die Gesetzten: Lieferanten (geringer Einfluss, hohe Beeinflussbarkeit)

- für den Joker: Kontrollbehörden (hoher Einfluss, geringe Beeinflussbarkeit)

- für die Randfiguren: Neukunden (geringer Einfluss, geringe Beeinflussbarkeit)

Bei der Analyse der Entwicklungspfeile ist aus Organisationssicht wichtig, diejenigen Stakeholder näher zu betrachten, bei denen

1. eine große Veränderung auftritt (langer Pfeil),

2. der Stakeholder-Einfluss überproportional steigt (flacher Pfeil nach rechts),

3. der Stakeholder den Bereich wechselt – denn damit verändert sich auch der Umgang mit ihm.

Schritt 2

Nun wird für jeden Stakeholder, bei dem einer oder mehrere der drei genannten Punkte zutreffen, ein Grobkonzept erarbeitet. Dazu dient die folgende Tabelle:

	Situation	Ziele	Strategie	Maßnahmen	Messkriterium
Inhalte					
Abläufe					
Vertrauen					
Macht					

Beschreiben Sie die wichtigsten Themen (Inhalte) gegenüber dem Stakeholder. Benennen Sie die wesentlichen Prozesse (Abläufe) mit ihm. Erläutern Sie, worin verbindliche Aktivitäten bestehen

(Vertrauen) und worauf sich der gegenseitige Einfluss stützt (Macht). Füllen Sie dazu die erste Spalte unter „Situation" mit Stichwörtern aus.

Gehen Sie ab jetzt zeilenweise vor:

■ Welche Ziele haben Sie hinsichtlich der Stichwörter, die in der Zeile unter „Situation" notiert sind?

■ Welche Strategie ist am erfolgversprechendsten, um dieses Ziel zu erreichen?

■ Mit welchen konkreten Maßnahmen muss die Strategie angegangen werden?

■ Welches sind wichtige Messgrößen oder Meilensteine, anhand der Sie erkennen, ob Sie sich dem Ziel nähern?

Füllen Sie möglichst jedes Feld in jeder Zeile aus.

Legen Sie für jeden Stakeholder, bei dem sich der Einfluss qualitativ geändert hat (die Punkte 1. bis 3.), eine solche Tabelle an. Damit können Sie den Umgang mit diesen Stakeholdern gut planen.

Worauf ist besonders zu achten?

Eine fundierte Stakeholder-Analyse verlangt nicht nur viel Zeit, sondern auch einen kritischen Blick auf sich selbst und häufig auch Mut zu unbequemen Wahrheiten. Hilfreich ist teilweise auch die Zusammenarbeit mit vertrauten Personen, die gern auch von außerhalb der Organisation kommen können, um einen distanzierten Blick (und entsprechende Fragen und Ideen) einzubringen.

Was ist gut?

Mit der Stakeholder-Analyse können Sie vieles, was „so erzählt" wird, systematisieren und für Ihr weiteres Vorgehen nützlich machen.

Umweltanalyse

Was ist das?

Eine Analyse der Umweltfaktoren einer Organisation zur Frage, wann relevante Trends das Geschäft der Organisation verändern (können).

Was kann ich damit machen?

Mit der Umweltanalyse können Sie die vielfältigen externen Einflüsse auf Ihre Organisation systematisch überprüfen und so beispielsweise die Chancen und Gefahren bei der → *SWOT* detaillierter beschreiben.

Was steckt genauer dahinter?

Vier bis sechs Faktoren werden unterschieden: sozio-kulturelle, technologische, ökonomische und politische wie auch ökologische und gesetzliche. Nach den Anfangsbuchstaben der englischen Begriffe werden die ersten vier Faktoren auch als STEP- (oder PEST-)Analyse zusammengefasst. Alle sechs Faktoren werden als PESTEL-Analyse bezeichnet.

Wie gehe ich konkret vor?

Schätzen Sie zu den Umweltfaktoren die möglichen Konsequenzen für Ihre Organisation ein, wenn sich Trends bei folgenden Aspekten durchsetzen und so möglicherweise Ihre Strategie beeinflussen:

politisch (**p**olitical)	wirtschaftlich (**e**conomical)
■ Politik der Regierungen ■ Regulierungsbehörden und -verfahren ■ Kapitalmarktentwicklungen ■ Finanzierung, Förderungen und Initiativen ■ Lobbying / Druck durch Gruppen ■ Kriege und Konflikte	■ Wirtschaftliche Situation in den gegenwärtigen Märkten ■ Allgemeine volkswirtschaftliche Situation ■ Markt-und Konjunkturzyklen ■ Branchenspezifische Faktoren ■ Markt- und Verteilungsstrukturen ■ Zinssätze, Wechselkurse, Währungsfragen
sozial (**s**ocial)	technologisch (**t**echnological)
■ Lifestyle-Trends / Mode und Vorbilder ■ Demografie ■ Verbrauchereinstellungen / -verhalten ■ Rolle der Medien und deren Meinung ■ Werbung und Öffentlichkeitsarbeit ■ Ethische / ethnische / religiöse Fragen	■ Reife der Technologie ■ Sicherung von Kapazität und Qualität ■ Konkurrierende Technologieentwicklung ■ Ersatz-Technologie / andere Lösungen ■ Informations- und Kommunikationstechnik ■ Innovationspotenzial
ökologisch (**e**nvironmental)	gesetzlich (**l**egal)
■ Emissionsregelungen ■ Entsorgungsfragen ■ Knappheit von Ressourcen ■ Umgang mit Altlasten ■ Ökologisches Bewusstsein ■ Klimaveränderung	■ Aktuelle Gesetzgebung im Heimatmarkt ■ Künftige Gesetzgebung ■ Besteuerung der Produkte ■ Gesetzgebung zur Technologie ■ Wettbewerbsregelungen ■ Zugang zur Technologie, Lizenzen, Patente

Was ist gut?

Mit der PEST(EL)-Analyse habe Sie eine Checkliste, um systematisch auf mögliche Trends zu achten und so Ihre Produkte, Ihre Strategie oder Ihre Marktzugänge rechtzeitig ändern zu können.

Wertkettenanalyse

Was ist das?

Eine Betrachtung aller Aktivitäten einer Organisation hinsichtlich Budgetanteil, Marge und strategischer Bedeutung.

Woher kommt das?

Um neben den „Nischen des Marktes" auch innerhalb der Organisation „Nischen der Wertschöpfung" zu identifizieren, entwickelte Michael Porter diese Analyseform als Ausgangspunkt für organisatorische Fitness im Wettbewerb.

Was kann ich damit machen?

Mit der Wertkettenanalyse können Sie den Beitrag für die Wertschöpfung jeder Aktivität beurteilen und steuern.

Wie gehe ich konkret vor?

- Bestimmen Sie die wertschöpfenden Aktivitäten Ihrer Organisation, das sind diejenigen Tätigkeiten, die unmittelbar zur Wertsteigerung des Produkts beitragen. Im Regelfall können Sie dabei auf die Ablauforganisation der Organisation ($\rightarrow$ *Struktur*) zurückgreifen. Unterstützungsaktivitäten wie Personalwirtschaft, Datenschutz oder Rechnungswesen bleiben außen vor.

- Klären Sie die wichtigsten Stellhebel, durch die Sie die jeweilige Aktivität erfolgreich angehen können.

- Berechnen Sie den Budgetanteil jeder Aktivität.

- Legen Sie die strategische Bedeutung jeder Aktivität fest.

Wertkettenanalyse

- Ermitteln Sie den Wert der Vorleistung einer Aktivität (Einkaufs-„preis") und den der Abgabeleistung (Verkaufs„preis"). Der Wert der Abgabeleistung einer Aktivität entspricht dem Wert der Vorleistung der vorangegangenen Aktivität, solange Sie innerhalb eines gewinnerwirtschaftenden Systems bleiben.

- Analysieren Sie für jede Aktivität, wie hoch die Kosten sind, um die angegebene Wertschöpfung zu erreichen.

- Der Quotient aus Wertschöpfung und Kosten ist eine Kennzahl für die relativen Stärken und Schwächen der einzelnen Aktivitäten. Diese Kennzahl ist Ausgangspunkt für → *Kernkompetenz-Analyse* und → *Strategieentwicklung*.

Beispiel

Aktivität	Produktentwicklung	Akquise/ Vertrieb	Maßnahmenvorbereitung	Maßnahmendurchführung	Maßnahmennachbereitung
Stellhebel	■ Kooperation mit Unis ■ Entwicklung eigener Ansätze	■ Besuche ■ Messen, Kongresse ■ Veröffentlichungen	■ Kundengespräche ■ Konzepterstellung ■ Planung	■ Beratung ■ Training ■ Coaching ■ Analysen	■ Evaluation ■ Interne Reflexion ■ Dokumentation
Budgetanteil	5%	10%	10%	65%	10%
Strat. Bed.	15%	20%	15%	40%	10%
Wert der Vorleistung ▪ Wertschöpfung					
Werte	5 · 15	20 · 20	40 · 10	50 · 50	100 · 25
Kosten	30	100	100	500	100
Wert/Kosten	50%	20%	10%	10%	25%

Was ist gut?

Der Beitrag der eigenen Aktivitäten für die Produkte entlang der gesamten Kette liefert Ihnen gute Anhaltspunkte für die eigenen Stärken und Schwächen. So können Sie die Aktivitäten besser auf die Kundenerwartungen hin ausrichten.

Was ist schlecht?

Der Aufwand für das Erstellen einer aussagekräftigen Wertkette ist hoch. Es bleibt daher abzuwägen, wie detailliert sie erstellt werden soll. Dabei gilt das Prinzip „Vollständigkeit vor Detailliertheit". Stellen Sie also lieber eine grobe Wertkette für alle Aktivitäten auf als nur wenige Aktivitäten genau zu analysieren.

Worauf ist besonders zu achten?

Wenn Sie die Wertschöpfung nach klassischer betriebswirtschaftlicher Lesart ausschließlich mit finanziell messbaren Größen durchführen, übersehen Sie strategisch und organisatorisch wichtige Einflussgrößen. Wertschöpfung ist nicht nur eine Frage, deren Antwort „Euro" ist, sondern ebenso eine Frage nach der Wertschöpfung in Hinsicht auf Qualität, Strategie, Anspruchsgruppen usw.[17] Sind diese Aspekte der Wertschöpfung ebenso legitimiert, kann deren Effekt auf der Ertragsseite auch miterhoben und mitbedacht werden.

---

[17] Vgl. Wunderer, R./Jaritz, A. (1999): Personalcontrolling – Evaluation der Wertschöpfung im unternehmerischen Personalmanagement. Neuwied, S. 8.

ABC-Analyse

Was ist das?

Die ABC-Analyse ist eine Methode, um Produkte, Kunden oder Ähnliches zu klassifizieren.

Was kann ich damit machen?

Mithilfe dieser Methode lassen sich Schwerpunktsetzungen herbeiführen und begründen.

Wie gehe ich konkret vor?

- Legen Sie ein „Objekt" (Kunden, Produkte, Segmente, Regionen usw.) und ein dafür wichtiges Kriterium fest.

- Ordnen Sie Ihre „Objektinhalte" (das heißt die einzelnen Kunden oder Produkte) nach diesem Kriterium.

- Ermitteln Sie den Prozentanteil für jeden einzelnen Inhalt und summieren Sie die Prozentanteile.

- Legen Sie die 80-, 66- und 50-%-Grenzen fest.

- Definieren Sie die ausgewählten Inhalte als Schwerpunkte – solange nicht andere Gründe dagegen sprechen (→ *Strategie*)

Produkt	Umsatz (pro Monat in Tsd. Euro)	Prozent	Summe	50-%-Grenze	66-%-Grenze	80-%-Grenze
Lagerlogistik	163	25 %	25 %			
Inhouse-Logistik	142	22 %	46 %			
Distributionslogistik	76	12 %	58 %			
E-Commerce	52	8 %	66 %			
Public Warehouse	48	7 %	73 %			
Retouren-management	45	7 %	80 %			
Kommissionierung	37	6 %	86 %			
Verpackung	36	5 %	91 %			
Versandkontrolle	32	5 %	96 %			
Zollabwicklung	25	4 %	100 %			

Worauf ist besonders zu achten?

Die Abhängigkeit von einem Kriterium dürfte in der Praxis kaum gerechtfertigt sein.

Worin besteht eine Alternative?

Eine Alternativ stellt eine → *Portfolio-Analyse* dar, die als eine Art zweidimensionale ABC-Analyse differenzierter ist. Eine weitere Möglichkeit kann eine → *Nutzwert-Analyse* sein.

CC-Verfahren

Was ist das?

Das CC-Verfahren ist ein Entscheidungsverfahren, bei dem alle Kriterien und Optionen paarweise miteinander verglichen werden (aus dem Englischen für den paarweisen Vergleich: „couple comparison"). Im Gegensatz zum → *AHP* wird auf aufwendigere mathematische Operationen verzichtet.

Was kann ich damit machen?

Bei komplexen Entscheidungen liefert das CC-Verfahren ein hierarchisch aufgebautes Entscheidungsergebnis, wenn sich schwer zu quantifizierende Optionen oder Kriterien gegenüberstehen.

Wie gehe ich konkret vor?

- Bestimmen Sie die Kriterien, die für die gestellte Frage relevant sind.

- Sammeln Sie zudem die Optionen, die zur Entscheidung anstehen.

- Bestimmen Sie nun die Rangfolge der Kriterien:
  Vergleichen Sie jedes Kriterium mit jedem anderen: In welchem Bedeutungsverhältnis stehen die beiden Kriterien a und b hinsichtlich Ihrer Ausgangsfrage?
  - a und b sind gleich wichtig.   a : b = 1 : 1
  - a ist etwas wichtiger als b.   a : b = 3 : 1
  - a ist viel wichtiger als b.   a : b = 5 : 1
  - a ist erheblich wichtiger als b.   a : b = 7 : 1
  - a dominiert gegenüber b.   a : b = 9 : 1

- Gerade Zahlen können als Zwischenwerte verwendet werden.

- Tragen Sie die Verhältnisse zwischen den Kriterien in eine Matrix ein: Wenn a : b = 3 : 1 (= 3) ist, so ist b : a = 1 : 3 (= $^1/_3$). Addieren Sie die Werte jeder Zeile und normieren Sie diese Werte. So erhalten Sie das Kriteriengewicht (KG).

	a	b	c	Summe	KG
a		5	$^1/_3$	5,33	0,417
b	$^1/_5$		$^1/_4$	0,45	0,035
c	3	4		7,00	0,548
				12,78	1,000

- Bestimmen Sie nun für jedes Kriterium die Rangfolge der Optionen nach demselben Verfahren. In der Zeilensumme erhalten Sie die jeweilige Optionsbewertung (OB) pro Kriterium.

- Bilden Sie nun für jede Option die Summe aus den Produkten von KG und der OB für das Kriterium. So erhalten Sie die Prioritätszahl. Je höher diese ist, desto besser ist die Option für Ihre Ausgangsfrage geeignet.

Was ist gut?

Das CC-Verfahren vereint die Vorteile von → *AHP* und → *Nutzwert-Analyse*, nämlich den paarweisen Vergleich aller Kriterien und Optionen bei gleichzeitiger Handhabbarkeit.

Was ist schlecht?

Wie auch bei der → *Nutzwert-Analyse* ist die Auswahl der Kriterien unstrukturiert. Zweckmäßig ist es daher, einen → *Papiercomputer* vorzuschalten.

Im Gegensatz zum → *AHP* erfolgt keine Konsistenzüberprüfung.

Worauf ist besonders zu achten?

Es wird viel Zeit benötigt, um alle paarweisen Vergleiche durchzuführen. Bei mehr als fünf Kriterien verliert man überdies recht schnell den Überblick. Mit Computereinsatz ist das Verfahren erheblich einfacher durchzuführen, vor allem bei Änderungen oder Neuauflagen von Entscheidungen.

Worin besteht eine Alternative?

Als Alternativen dienen die → *AHP* oder die → *Nutzwert-Analyse*.

Beispiel:

Eine Organisation sucht einen neuen Anbieter für EDV-Dienstleistungen. Sie hat vier Auswahlkriterien festgelegt:

- Verfügbarkeit (V)

- Qualitätsniveau (Q)

- Rechnerleistung (R)

- Europa-Service (E)

Vier Anbieter stehen in der engeren Wahl.

	V	Q	R	E	Σ	KG	
Verfügbarkeit		5,00	5,00	3,00	13,00	0,55	KG1
Qualitätsniveau	0,20		0,25	0,50	0,95	0,04	KG2
Rechnerleistung	0,20	4,00		0,33	4,53	0,19	KG3
Europa-Service	0,33	2,00	3,00		5,33	0,22	KG4
					23,81		

CC-Verfahren

Verfügbarkeit	A	B	C	D	Σ	
Anbieter A		5,00	3,00	9,00	17,00	K1O1
Anbieter B	0,20		0,33	5,00	5,53	K1O2
Anbieter C	0,33	3,00		7,00	10,33	K1O3
Anbieter D	0,11	0,20	0,14		0,45	K1O4

Qualitätsniveau	A	B	C	D	Σ	
Anbieter A		0,25	0,14	0,14	0,54	K2O1
Anbieter B	4,00		0,50	0,50	5,00	K2O2
Anbieter C	7,00	2,00		1,00	10,00	K2O3
Anbieter D	7,00	2,00	1,00	1	0,00	K2O4

Rechnerleistung	A	B	C	D	Σ	
Anbieter A		0,33	1,00	0,25	1,58	K3O1
Anbieter B	3,00		3,00	0,50	6,50	K3O2
Anbieter C	1,00	0,33		0,25	1,58	K3O3
Anbieter D	4,00	2,00	4,00		10,00	K3O4

Europa-Service	A	B	C	D	Σ	
Anbieter A		0,33	3,00	0,13	3,46	K4O1
Anbieter B	3,00		3,00	0,14	6,14	K4O2
Anbieter C	0,33	0,33		0,11	0,78	K4O3
Anbieter D	8,00	7,00	9,00		24,00	K4O4

Anbieter A	10,38 = KG1*K1O1+KG2*K2O1+KG3*K3O1+KG4*K4O1
Anbieter B	5,83 = KG1*K1O2+KG2*K2O2+KG3*K3O2+KG4*K4O2
Anbieter C	6,51 = KG1*K1O3+KG2*K2O3+KG3*K3O3+KG4*K4O3
Anbieter D	7,92 = KG1*K1O4+KG2*K2O4+KG3*K3O4+KG4*K4O4

Nutzwert-Analyse

Was ist das?

Die Nutzwert-Analyse ist ein Verfahren, um verschiedene Möglichkeiten vergleichbar zu machen, wenn mehrere Kriterien wichtig sind.

Was kann ich damit machen?

Mit der Nutzwert-Analyse können Entscheidungen vorbereitet werden. Zudem ermöglicht sie Transparenz hinsichtlich der relevanten Entscheidungskriterien und der Einschätzung der Möglichkeiten.

Wie gehe ich konkret vor?

- Bestimmen Sie die Kriterien, die für die gestellte Frage relevant sind.

- Gewichten Sie jedes Kriterium: Wie wichtig ist das Kriterium für Ihre Fragestellung?

- Prüfen Sie, ob die Gewichtung der Kriterien untereinander für Sie zweckmäßig erscheint.

- Bewerten Sie jede der Optionen für jedes Kriterium auf einer Skala von 1 (schlecht) bis 10 (sehr gut).

- Bilden Sie für jede Option / für jedes Kriterium das Produkt aus Gewichtung und Bewertung.

- Bilden Sie für jede Option die Summe der jeweiligen Produkte.

- Die Option mit den meisten Punkten ist die beste hinsichtlich der von Ihnen gewichteten Kriterien und bewerteten Optionen.

■ Prüfen Sie das Ergebnis hinsichtlich Plausibilität. Vielleicht ist es sinnvoll, sogenannte Mindestanforderungen anzulegen. Damit werden Optionen ausgeschlossen, die bei sehr wichtigen Kriterien einen Mindeststandard nicht erreichen, jedoch bei unwichtigeren Kriterien sehr gut dastehen – und so in der Summe besser abschneiden als Optionen mit durchgängig guten Bewertungen.

Beispiel:

Eine Organisation sucht einen neuen Anbieter für EDV-Dienstleistungen. Sie hat vier Auswahlkriterien festgelegt und gewichtet:

■ Verfügbarkeit (V) 24h/Tag – Faktor 7

■ Qualitätsniveau (Q) – Faktor 3

■ Rechnerleistung (R) – Faktor 4

■ Europaweiter Service (E) – Faktor 5

Die vier zur Auswahl stehenden Anbieter A, B, C und D werden auf einer Skala von 1 bis 10 eingeschätzt.

	F.	A	B	C	D	A	B	C	D
Verfügbarkeit 24h/Tag	7	7	5	6	1	49	35	42	7
Qualitätsniveau	3	2	4	7	7	6	12	21	21
Rechnerleistung	4	4	6	4	7	16	24	16	28
Europaweiter Service	5	2	3	1	7	10	15	5	35
					Summe	**81**	**86**	**84**	**91**
					Rang	**4.**	**2.**	**3.**	**1.**

In diesem Fall ist Anbieter D als bester identifiziert. Doch bleiben Zweifel, ob er eine gute Wahl ist, schließlich wird er beim wichtigsten Kriterium am schlechtesten eingeschätzt. Eine Mindestanforderung wäre unter Umständen angebracht.

Worauf ist besonders zu achten?

Die Gewichtung der Kriterien erfolgt bei der Nutzwert-Analyse unstrukturiert. Um diese robuster zu machen, sollte der → *Papiercomputer* angewendet werden.

Das Ergebnis ist mathematisch eine Ordinalskala, keine Intervallskala (→ *Skalenniveau*). Der Nutzwert darf daher nicht mit Kosten im Rahmen einer Kosten-Nutzen-Bilanzierung verrechnet werden. Obwohl das – leider – zur gängigen Praxis gehört, heißt es noch lange nicht, dass es methodisch-mathematisch korrekt ist – von der Ergebnisqualität ganz zu schweigen.

Was ist gut?

Die Nutzwert-Analyse ist schnell und einfach durchführbar. Außerdem bietet sie eine erste Orientierung für eine Entscheidung.

Was ist schlecht?

Der (meistens ungeprüft vorausgesetzte) lineare Zusammenhang zwischen den Stellhebeln Kriteriengewichtung und Optioneneinschätzung macht es möglich, sehr einfach die Werte für diese beiden Stellhebel so lange zu verändern, bis das „richtige" Ergebnis herauskommt. Gegen diese Methode ist nichts einzuwenden, solange die Nutzwert-Analyse nicht als rationalisierendes oder gar objektives Verfahren verkauft wird.

Worin besteht eine Alternative?

Als Alternativen dienen zum einen der → *Papiercomputer*, um die Kriteriengewichtung zu systematisieren, zum anderen der → *AHP* oder das → *CC-Verfahren*, um präzisere Ergebnisse zu erhalten.

Nutzwert-Analyse

Übung:

Tragen Sie für jede Option in der weißen Spalte die Bewertung, in der grauen das Produkt aus Gewichtung und Bewertung ein.

Kriterium	Faktor	Option 1:	Option 2:	Option 3:	Option 4:	Option 5:	Option 6:		
								Summe	Rang

Papiercomputer

Was ist das?

Der Papiercomputer ist ein Verfahren, um die Bedeutung von Kriterien oder Optionen für ein System zu bestimmen und so die Treiber für Veränderungen zu identifizieren.

Woher kommt das?

Der Papiercomputer geht auf Frederic Vester zurück, der damit vernetzte Strukturen anschaulich machte, ohne auf EDV-Unterstützung zurückzugreifen.

Was kann ich damit machen?

Mithilfe des Papiercomputers können sowohl die Faktoren identifiziert werden, die eine Veränderung am ehesten in Gang setzen, als auch diejenigen, die von Veränderungen am stärksten beeinflusst werden.

Wie gehe ich konkret vor?

- Sammeln Sie die Kriterien oder Optionen, die für die gestellte Frage relevant sind.

- Bewerten Sie nun den Einfluss, den jedes Kriterium (oder jede Option) auf jedes andere Kriterium (oder Option) hat, nach der folgenden Tabelle und tragen Sie den Wert in eine Matrix ein, in der die Kriterien sowohl die Spalten- als auch die Zeilenüberschriften bilden.

– 0: kein Einfluss

– 1: geringer Einfluss

– 2: mittlerer Einfluss

– 3: hoher Einfluss

■ Dabei wird immer der Einfluss von dem Kriterium der Zeile auf das Kriterium der Spalte eingetragen.

■ Addieren Sie für jedes Kriterium die Zahlen in Zeile und Spalte. Die Summe einer Zeile ergibt die Aktivsumme (AS), die einer Spalte die Passivsumme (PS) des jeweiligen Kriteriums.

■ Tragen Sie diese beiden Werte in ein Diagramm ein – die Passivsumme auf der X-Achse, die Aktivsumme auf der Y-Achse.

■ Der arithmetische Mittelwert jeweils aller Passiv- und aller Aktivsummen bildet den Nullpunkt für X- beziehungsweise Y-Achse.

■ Nun können Sie die Kriterien hinsichtlich ihrer Wirkweise einordnen:

– Quadrant oben rechts (hohe Aktivität und hohe Passivität) – kritische Faktoren:

Diese Kriterien haben große Hebelwirkung und werden zugleich durch andere Aktivitäten beeinflusst. Gehen Sie bei diesen Kriterien vorsichtig vor und beachten Sie stets die manchmal auch überraschenden Auswirkungen ihrer Handlungen (→ *Komplexität).*

– Quadrant oben links (hohe Aktivität und geringe Passivität) – aktive Faktoren:

Mit diesen Kriterien können Sie effizient Veränderungen in Gang setzen, ohne dass sich bei diesen Kriterien selbst viel verändert. Verwenden Sie diese Faktoren, wenn Sie eine Veränderung erst einmal anschieben wollen.

– Quadrant unten rechts (geringe Aktivität und hohe Passivität) – passive Faktoren:

Diese Kriterien sind eher Seismografen für Veränderungen, die durch andere Stellhebel ausgelöst wurden. Verwenden Sie diese Faktoren als Indikatoren.

– Quadrant unten links (geringe Aktivität und geringe Passivität) – träge Faktoren:

Diese Kriterien spielen für die Veränderung keine oder nur eine sehr geringe Rolle. Beobachten Sie die Faktoren weiterhin, ob sich ihre Wirkweise ändert.

■ Wenn Sie das Ergebnis dieses Papiercomputers für Verfahren wie der → Nutzwert-Analyse verwenden wollen, können Sie dazu den geometrischen Mittelwert aus Aktiv- und Passivsumme nehmen.

Beispiel:

Eine Organisation möchte ihre verschiedenen Geschäftsbereiche im Hinblick auf den Kundennutzen bewerten. Dazu stellt sie folgende Matrix auf:

	P	M/V	V	E	L	A	**AS**
Produktentwicklung (P)	X	3	3	2	0	1	**9**
Marketing/Vertrieb (M/V)	2	X	1	2	2	3	**10**
Vorproduktion (V)	3	1	X	3	1	1	**9**
Endproduktion (E)	2	2	2	X	3	2	**11**
Logistik (L)	0	1	0	1	X	2	**4**
AfterSalesService (A)	2	1	0	1	2	X	**6**
PS	**9**	**8**	**6**	**9**	**8**	**9**	

Papiercomputer

Der Mittelwert der Aktiv- und Passivsummen beträgt jeweils 8,167.

Die Werte im Diagramm:

12									
11						E			
10					M/V				
9			V			P			
8									
7									
6						A			
5									
4					L				
	4	5	6	7	8	9	10	11	

Fazit:

- Endproduktion und Produktentwicklung sind die Geschäftsbereiche, die die wichtigsten Stellhebel für den Kundennutzen bieten und zugleich von den anderen Geschäftsbereichen stark beeinflusst werden.

- Marketing/Vertrieb und (etwas schwächer) die Vorproduktion sind die Bereiche, die den Kundennutzen stark bestimmen, ohne von den anderen Bereichen stark beeinflusst zu sein.

- Begebenheiten aus dem AfterSalesService dienen als gute Indikatoren.

- Die Logistik ist für den Kundennutzen am wenigsten bedeutend.

Soll beispielsweise ein neues Internet-Kundenportal eingerichtet werden, kann die Auswahl eines Portals mithilfe einer → *Nutzwert-Analyse* anhand der Kriterien vorgenommen werden, wie gut das neue Portal die Belange der einzelnen Geschäftsbereiche bedient. Die Gewichtung der Kriterien entspricht dann dem geometrischen Mittel aus Aktiv- und Passivsumme (das heißt 9,9 für Endproduktion, 9 für Produktentwicklung, ... bis hin zu 5,6 für Logistik).

Worauf ist besonders zu achten?

Bei zu vielen Faktoren, die verglichen werden sollen, geht schnell der Überblick verloren.

Was ist gut?

Der Papiercomputer ist ein einfach zu berechnendes Verfahren, um einen Überblick über die Wirkweisen verschiedener Faktoren in einem System aus Wechselwirkungen zu erhalten.

Was ist schlecht?

Sollen die Einschätzungen mehrerer Personen in einen Papiercomputer einfließen, geht das kaum ohne Computer.

SWOT

Was ist das?

SWOT bezeichnet eine komprimierte Darstellung der wichtigen Einflussfaktoren einer Organisation. SWOT steht dabei für Strenghts, Weaknesses, Opportunities und Threats (Stärken, Schwächen, Chancen und Gefahren).

Was kann ich damit machen?

Aus der Analyse der Stärken, Schwächen, Chancen und Gefahren einer Organisation können Sie Optionen für eine → *Strategie* gewinnen.

Wie gehe ich konkret vor?

- Sammeln Sie Daten und Einschätzungen zu den vier Fragen:
  - Wo liegen die Stärken der Organisation?
  - Wo liegen ihre Schwächen?
  - Welche Chancen bieten sich der Organisation?
  - Welche Gefahren drohen ihr?

- Beachten Sie dabei: Stärken und Schwächen beziehen sich auf Aspekte innerhalb der Organisation, Chancen und Risiken auf Aspekte außerhalb → *Umweltanalyse*.

- Gewichten Sie die Daten und Einschätzungen hinsichtlich ihrer Bedeutung für die Organisation.

- Erstellen Sie aus den wichtigsten Stärken, Schwächen, Chancen und Gefahren folgende Tabelle:

	Chancen	Risiken
Stärken		
Schwächen		

■ Überlegen Sie Handlungsmöglichkeiten für jedes der vier Felder in der Tabelle, beispielsweise für das Feld unten rechts: „Was muss die Organisation tun, wenn ihre Schwächen zum Tragen kommen und zugleich die Risiken Realität werden?"

Was ist gut?

Mit der Erarbeitung der vier Handlungsmöglichkeiten sind Sie auf das Eintreffen konkreter unerwarteter Ereignisse besser vorbereitet.

Worauf ist besonders zu achten?

Wird die Trennung zwischen Stärken/Schwächen einerseits und Chancen/Risiken andererseits verwischt, hat eine SWOT weniger Nutzen.

Entscheidung

Was ist das?

Eine Entscheidung bezeichnet den Prozess der Wahl zwischen zwei oder mehreren Möglichkeiten.

Was kann ich damit machen?

Sie können Entscheidungsabläufe bei sich und anderen analysieren, reflektieren und vielleicht steuern.

Woher kommt das?

Das Modell eines vierstufigen Entscheidungsprozesses stammt von Heinz Heckhausen und ist bis heute eine der wichtigsten Ansätze auch zu Fragen der Motivation.

Wie gehe ich konkret vor?

Eine Entscheidung kristallisiert sich im Verlauf eines zumeist vierstufigen Prozesses heraus. Machen Sie sich dabei die folgenden vier Fragen bewusst:

- Abwägen: Welche Wünsche lassen sich für Sie bei welcher der zur Entscheidung stehenden Möglichkeiten erfüllen, welche Risiken sehen Sie? (Entscheidung über Intuition/Ziel)

- Planen: Welche Schritte müssen Sie konkret durchführen, was benötigen Sie dazu? (Entscheidung über die Art/Weise)

- Ausführen: Was machen Sie konkret, welche Handlungen folgen in Ihrer Praxis aufeinander? (Entscheidung über das nächste Tun)

- Bewerten: Wie schätzen Sie die realisierte Möglichkeit ein, wo lagen für Sie Aufwand und Nutzen? (Entscheidung über die Erfahrung)

Die bewusst gemachten Erfahrungen sind ein wichtiger Input für nächste Abwägungsschritte.

Was ist gut / schlecht?

Menschen entscheiden nicht rational, sondern „predictably irrational"[18]: Sie treffen Entscheidungen schnell nach (bekannten) „Daumenregeln" statt aufgrund ausführlicher Abwägungen. Ihre Entscheidungen sind nicht offen, sondern gebunden durch die Kategorien und Stereotype ihrer sozialen Welt. Auch sind Entscheidungen durch den Kontext der Situation geprägt („framing") – so der junge Ansatz der Verhaltensökonomie.

---

[18] So der Originaltitel von Ariely, D.: Denken hilft zwar, nützt aber nichts.

Risiko

Versicherungsmathematisch bezeichnet Risiko das Produkt aus Wahrscheinlichkeit (eines Schadens) und der voraussichtlichen Schadenshöhe.

Was kann ich damit machen?

Sie können das Risiko analysieren, indem Sie die beiden Faktoren bewerten und zueinander in Beziehung setzen.

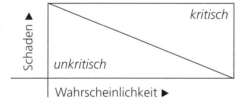

Was steckt dahinter?

Da in vielen Fällen die Eintrittswahrscheinlichkeit nicht bekannt ist oder sogar gar nicht bekannt sein kann (→ *Komplexität*), muss zunächst bestimmt werden, vor welcher Art von → *Entscheidung* man steht:

	Risiko	**Unsicherheit**	**Ungewissheit**
Art	die Eintrittswahrscheinlichkeiten sind bekannt	die wichtigen Stellhebel sind bekannt, die Eintrittswahrscheinlichkeiten unbekannt	weder Stellhebel noch Eintrittswahrscheinlichkeiten sind bekannt
Beispiel	Der Einkäufer kennt die Erfüllungsquote „in time" der Lieferanten, der Planer, die Laufzeit der Maschinen in 24 Stunden, der Personaler, die Fluktuation.	Die Rekrutierung guter Mitarbeiter hat ebenso Auswirkungen auf den Organisationserfolg wie die Funktionalität einer neuen Anwendersoftware.	Es ist ungewiss, ob die Marketingpräsenz, die Kooperation mit Universitäten, das Eingehen auf Joint Ventures usw. den Organisationserfolg beeinflussen.

Was kann ich damit machen?

Je nach Art der Entscheidung können Sie entsprechende Maßnahmen angehen: Im Fall von Risiko sollten Sie verlässliche detaillierte Pläne fassen, im Fall von Ungewissheit kleinschrittige vorsichtige Versuche unternehmen.

Ziel und Zweck

Was ist das?

Ein Ziel ist eine Vorstellung über einen anzustrebenden zukünftigen Zustand. Ein Zweck ist der Beweggrund einer zielgerichteten Handlung, das jedem Ziel „vorgängig mitgesetzte Bezugssystem".[19]

Was steckt dahinter?

Ziele sind so zu formulieren, dass sie den smart-Kriterien entsprechen:

- **s**pezifisch (konkret und detailliert beschrieben)

- **m**essbar (hinsichtlich Messverfahren und Kenngröße)

- **a**nspruchsvoll (keine Selbstverständlichkeit)

- **r**ealistisch (keine Überforderung)

- **t**erminiert (mit einer Frist versehen, zu der die Zielerreichung überprüft werden kann)

Ziele sind nicht unabhängig, wertfrei, neutral, objektiv o. Ä., sondern immer an einen Zweck gebunden. Auch wenn der Zweck wie ein Ziel formuliert ist, ist er dann Zweck, wenn der (letztbegründende) Beweggrund oder das (wirkliche) Interesse damit formuliert ist.

---

[19] In anderem Zusammenhang: Habermas, J.: Technik und Wissenschaft als Ideologie. Frankfurt/M., S. 155.

Beispiel:

- Ziel[20]: 5 Kilometer unter 20 Minuten laufen – Zweck: anderen imponieren (oder: gesund bleiben);

- Ziel: Gruppenarbeit einführen – Zweck: Gewinn erhöhen

- Ziel: 6 Prozent Gewinn – Zweck: Liquidität sichern

Was kann ich damit machen?

Zunächst können Sie Ziele danach prüfen, ob sie „smart" formuliert sind. Zudem können Sie nachfragen, welche Zwecke mit Zielen letztendlich verfolgt werden (sollen).

Darüber hinaus lassen sich die immer gleichen Zwecke einer Organisation, zu denen Ziele formuliert werden, hinterfragen: Zu welchem Zweck dient eigentlich der Organisationszweck „Gewinn", wenn dieser „nur" zum Ziel erklärt wird? Eine Antwort[21] ist die Aufrechterhaltung der eigenen Grenzen, sein Überleben zu sichern, eine andere.[22]

---

[20] Ziele sind hier verkürzt – d.h. nicht nach den smart-Kriterien – formuliert.
[21] Vgl.: Baecker, D.: Organisation als System. Frankfurt/M., S. 240.
[22] Vgl. de Geus, A.: Jenseits der Ökonomie. Stuttgart, S. 272 f.

AGE

Was ist das?

AGE ist eine Merkregel, um gegen Regelgläubigkeit gewappnet zu sein. Der Inhalt dieser Merkregel lautet:

Eine → *Regel* kann nicht zugleich **a**llgemein gültig, **g**enau und **e**infach sein (daher: AGE). Treffen zwei dieser drei Anforderungen zu, wird die dritte Anforderung automatisch verletzt.

Woher kommt das?

Das Prinzip stammt aus der Psychologie. Bekannt wurde es durch Karl Weick, der damit die schleichende Verschiebung von Regeln in Organisationen beschrieb (Frankfurt/M., S. 55 ff.).

Was kann ich damit machen?

Mit dem AGE-Prinzip können Sie jede Regel auf ihre Schwachstelle hin untersuchen. Diese Schwachstelle gibt Ihnen einen ersten Hinweis, wo in der Praxis der Regelanwendung zuallererst solche Abweichungen stattfinden, die (vielleicht) keine Regelverletzung darstellen.

Wie gehe ich konkret vor?

Ordnen Sie eine Regel einer der drei Kategorien zu:

- Die Regel ist allgemein gültig und genau.

  In diesem Fall ist sie zu umfangreich und detailliert, als dass sie verständlich und widerspruchsfrei sein kann. In der Praxis wird es Diskussionen darüber geben, welcher Passus wann gelten soll. Beispiel: QM-Handbücher, viele Bonusregelungen.

- Die Regel ist genau und einfach.

  In diesem Fall ist sie zu begrenzt, als dass sie für mehrere ähnliche Situationen gültig sein kann. In der Praxis wird es „Absetzbewegungen" in (bislang) ungeregelte Bereiche geben. Beispiel: Prozessanweisungen, Einzelverträge.

- Die Regel ist einfach und allgemein gültig.

  In diesem Fall ist sie zu ungenau, als dass jeder Einzelfall in der praktischen Anwendung damit abgedeckt werden kann. In der Praxis wird es Auslegungsspielräume darüber geben, wie die Sätze konkretisiert werden sollen. Beispiel: Führungsleitlinien, Corporate Governance-Regeln.

Was ist gut?

Regeln werden als Vereinbarungen verstehbar, die von allen Anwendern „nach bestem Wissen und Gewissen" gedeutet, angewendet und dadurch kontinuierlich verändert werden.

20/80-Regel

Was ist das?

Eine Regel, nach der 80 Prozent der Wirkungen auf 20 Prozent der Ursachen zurückführbar sind.

Beispiele:

- 80 Prozent des Ergebnisses werden durch 20 Prozent des Aufwands erreicht.

- 80 Prozent der → *Fehler* gehen auf 20 Prozent der möglichen Ursachen zurück.

- 20 Prozent der Kunden verursachen 80 Prozent der Reklamationen.

- 80 Prozent der → *Konflikte* gehen auf 20 Prozent der Belegschaft zurück.

- 80 Prozent des Umsatzes werden mit 20 Prozent der Produkte gemacht.

Woher kommt das?

Diese Regel stammt von Vilfredo Pareto. Als Management-Begriff wurde sie von Joseph M. Juran für die Fehlerursachenanalyse eingeführt. Nach ihrem Urheber wird die Regel auch häufig „Pareto-Prinzip" genannt.

Was kann ich damit machen?

Die Regel fordert dazu auf, die Hauptverursacher für Wirkungen zu bestimmen und diese verstärkt zu betrachten. Sie schärft den Blick für die wesentlichen Stellhebel.

Worauf ist besonders zu achten?

Die 20/80-Regel wird häufig eingesetzt, ohne dass ihre Voraussetzung geprüft wird: Sie gilt nur, wenn die Elemente eines Systems unabhängig voneinander sind. So muss beispielsweise geprüft werden, ob die 20 Prozent reklamationsfreudigen Kunden nicht gerade diejenigen sind, die deshalb weniger Service, Information und Aufmerksamkeit erhalten, weil sie gerade nicht die 20 Prozent umsatzstärksten Produkte kaufen (→ *Korrelation*). Wenn ja, kann die Regel nicht angewendet werden.

Paul Krugman, Wirtschaftsnobelpreisträger 2008, bemängelt, dass die 20/80-Regel nicht deshalb angewendet wird, weil sie richtig ist, sondern weil sie bequem ist.[23]

Worin besteht eine Alternative?

Wenden Sie in komplexeren Zusammenhängen Methoden wie → *AHP* oder den → *Papiercomputer* an.

---

[23] Krugman, Paul: Graduates versus Oligarchs. In: New York Times (27.02.2011), S. A19.

Schlussweisen

Was ist das?

„Schlussweisen" ist eine Bezeichnung für die Art des Zustandekommens von genauerem oder neuem Wissen.

Wie gehe ich konkret vor?

Ordnen Sie Argumentationen oder andere Beiträge danach, welche Sätze als Voraussetzung gesetzt sind und welche sich aus den gesetzten Sätzen ergeben (sollen).

Prüfen Sie, in welches Schema die Argumentation passt. Fragen Sie nach, wenn Sie sich unsicher sind.

	Abduktion	**Deduktion**	**Induktion**
	= Hypothese vom Einzelnen auf eine Regel und das Allgemeine	= Schluss vom Allgemeinen auf das Einzelne	= Hypothese vom Üblichen auf das Allgemeine
Obersatz	Alle Zahlen aus dem Marketing sind vielversprechend.	Alle Zahlen aus dem Marketing sind vielversprechend.	Alle Zahlen zum Produkt A sind vielversprechend.
Untersatz	Alle Zahlen zum Produkt A sind vielversprechend.	Alle Zahlen zum Produkt A stammen aus dem Marketing.	Alle Zahlen zum Produkt A stammen aus dem Marketing.
Schluss	Alle Zahlen zum Produkt A stammen aus dem Marketing.	Alle Zahlen zum Produkt A sind vielversprechend.	Alle Zahlen aus dem Marketing sind vielversprechend.
Art	möglich	zwingend	projizierend
Wissen	neu	genau	allgemein
Resultat	Ideen	Beweise	Regeln

Deduktion beweist, dass etwas *sein muss*; Induktion zeigt, dass etwas *tatsächlich* wirksam *ist*; Abduktion deutet lediglich darauf-hin, dass etwas *sein kann*.[24]

Was kann ich damit machen?

Sie können Aussagen präzisieren, justieren und auf ihren Charakter hin überprüfen – und den sogenannten „Ableitungen" weniger Glauben schenken (→ *Korrelation*).

---

[24] Peirce, C. S.: The Collected Papers (Vol. V). Pragmatism and Pragmaticism. Cambridge, S. I, 6, § 4, Nr. 171.

Erfolgsfaktor

Was ist das?

Der Erfolgsfaktor ist der Input eines erfolgreichen Prozesses, das heißt die Ursache dafür, dass eine erfolgreiche Wirkung entsteht. Für eine Organisation sind Erfolgsfaktoren die Stellhebel, die einen hohen Einfluss auf den Organisationserfolg haben.

Woher kommt das?

Die Suche nach möglichst allgemeingültigen Erfolgsfaktoren hat in vielen Gesellschaftsbereichen eine lange Tradition. In der Organisationsforschung wird diese Suche seit den 70er Jahren des vorigen Jahrhunderts intensiv betrieben, insbesondere seit die Universität Cambridge die Federführung bei dieser Suche übernommen hat.

Was kann ich damit machen?

In abgegrenzten, gut erforschten Bereichen können Sie beim Management die wesentlichen Erfolgsfaktoren berücksichtigen, zum Beispiel bei der Gruppenarbeit.

Beispiel:

Achten Sie bei Gruppenarbeit ständig darauf, dass

- die Gruppe ein klares Ziel hat (goal),
- Rollen und Ressourcen geklärt sind (roles/resources),
- die zwischenmenschlichen Beziehungen stimmig sind (interpersonal),
- die Abläufe geregelt sind (procedures).[25]

---

[25] Rubin, I. M./Plovnick, M. S./Fry, R. E.: Task oriented team development. New York.

Worauf ist besonders zu achten?

Die Versuche, allgemeine Faktoren des Erfolgs von Organisationen als empirisch belegte Ursache-Wirkungs-Beziehung zu identifizieren, sind bislang erfolglos. Bereits die Versuche, organisations- und personenunabhängige Erfolgsmerkmale und -inhalte zu bestimmen, führen zu Differenzen.[26]

Was steckt dahinter?

Das bekannteste Ergebnis der Erfolgsfaktorenforschung heißt PIMS und ist das Akronym für „**P**rofit **I**mpact of **M**arket **S**trategies" (Gewinnauswirkung von Marktstrategien). Danach hängt der Erfolg einer Organisation (definiert als Kapitalrendite) von 40 Faktoren ab.

Mit diesen 40 Faktoren lassen sich die Unterschiede zwischen erfolgreichen und erfolglosen Organisationen zu 70 Prozent erklären. Allein die drei Faktoren mit der höchsten → *Korrelation* erklären den Organisationserfolg zu ungefähr einem Drittel. Danach ist eine Organisation erfolgreich, wenn sie

- Wertschöpfung mit wenig eingesetzten Ressourcen erzielt (geringe Investitionsintensität),

- einen gegenüber den Wettbewerbern hohen Marktanteil hat und

- eine gegenüber den Wettbewerbern hohe Produktqualität liefert.

---

[26] Vor allem in der Fachzeitschrift „Der Betriebswirt (DBW)" wird seit ungefähr zehn Jahren über die Frage nach der Unmöglichkeit des Erfolgs dieser Versuche im Rahmen der Erfolgsfaktorenforschung umstritten diskutiert.

Was ist gut?

Der Blick wird (wieder) auf die wesentlichen Stellhebel gerichtet – das hilft, um sich strategisch zu konzentrieren oder Kriterien für eine Entscheidung zu bestimmen. Viele Analyseverfahren beziehen sich auf die PIMS-Ergebnisse, etwa die → *Portfolio-Analyse*, die den relativen Marktanteil als Kriterium heranzieht.

Was ist schlecht?

Der Return on Investment als einzige Erfolgsgröße ist zu einseitig. Wechselwirkungen zwischen den Variablen werden vernachlässigt, zudem wird von Korrelationen auf kausale Beziehungen gefolgert, was methodisch zweifelhaft ist. Darüber hinaus können sich drei Fehler einschleichen:

„1. Der Faktor war gar nicht Erfolgsursache.

2. Er war es bis gestern, ist es aber heute nicht mehr.

3. Er war es und könnte es auch heute noch sein, aber nicht, wenn man es, wie Ikarus, übertreibt."[27]

---

[27] Ortmann, G.: Das Peter-Prinzip, stark revidiert, S. 179.

AHP

Was ist das?

Der Analytic Hierach Process (AHP) ist ein Entscheidungsverfahren, bei dem alle Kriterien und Optionen paarweise miteinander verglichen werden.

Woher kommt das?

Der Mathematiker Thomas Saaty entwickelte in den späten 1970er Jahren die Grundlagen, doch erst stärkere Computer verhalfen dem AHP zum Durchbruch – vor allem in den USA und Fernost. In Deutschland ist der AHP eher unbekannt.

Was kann ich damit machen?

Bei komplexen Entscheidungen, wenn schwer zu quantifizierende Optionen oder Kriterien gegenüberstehen, liefert der AHP nicht nur ein hierarchisch aufgebautes Entscheidungsergebnis, sondern auch eine Aussage über die Konsistenz der Entscheidungsfindung.

Wie gehe ich konkret vor?

- Bestimmen Sie die Kriterien, die für die gestellte Frage relevant sind.

- Sammeln Sie ebenso die Optionen, die zur Entscheidung anstehen.

- Bestimmen Sie nun die Rangfolge der Kriterien.

- Vergleichen Sie jedes Kriterium mit jedem anderen – in welchem Bedeutungsverhältnis stehen die beiden Kriterien a und b hinsichtlich Ihrer Ausgangsfrage:

- a und b sind gleich wichtig.   a : b = 1 : 1

- a ist etwas wichtiger als b.   a : b = 3 : 1

- a ist viel wichtiger als b.   a : b = 5 : 1

- a ist erheblich wichtiger als b.   a : b = 7 : 1

- a dominiert gegenüber b.   a : b = 9 : 1

■ Gerade Zahlen können als Zwischenwerte verwendet werden.

■ Tragen Sie die Verhältnisse zwischen den Kriterien in eine Matrix ein – wenn a : b = 3 : 1 (= 3) ist, so ist b : a = 1 : 3 (= $\frac{1}{3}$)

	a	b	c
a	1	5	$\frac{1}{3}$
b	$\frac{1}{5}$	1	$\frac{1}{4}$
c	3	4	1

■ Berechnen Sie nun den Eigenvektor.

Aber: Bevor es jetzt in die höhere Mathematik abdriftet: Geben Sie Ihre Kriterien und Optionen sowie die Bedeutungsverhältnisse (mittels Schieberegler) doch einfach ein unter:

http://decide.easy-mind.de/easymind.php?modul=navi_home& sprache=de

Denn ohne Rechnerunterstützung ist der AHP gar nicht möglich – und eine vollständige Darstellung in einem Buch mit dem Titel „Short Cuts" leider auch nicht. Hintergründe und ein gut nachvollziehbares Praxisbeispiel finden Sie übrigens unter: http://www.boku.ac.at/mi/ahp/ahp.pdf

Was ist gut?

Der AHP liefert präzise Ergebnisse, da er den paarweisen Vergleich aller Optionen miteinander fordert – durch die Inkonsistenzanalyse gibt er dazu noch eine Rückmeldung zur Widerspruchsfreiheit der Bewertungen untereinander.

Was ist schlecht?

Wie bei der → *Nutzwert-Analyse* ist die Auswahl der Kriterien unstrukturiert, einen → *Papiercomputer* vorzuschalten, ist daher zweckmäßig.

Es wird viel Zeit benötigt, um alle paarweisen Vergleiche durchzuführen. Bei mehr als fünf Kriterien verliert man überdies recht schnell den Überblick. Zudem ist der AHP ohne Computer nicht anwendbar. Solide Mathematikkenntnisse sind von Vorteil.

Worin besteht eine Alternative?

Ein weniger robustes, dafür mit den vier Grundrechenarten zu bewältigendes Verfahren ist das CC-Verfahren.

Gefangenendilemma

Was ist das?

Das Gefangenendilemma bezeichnet eine Interaktionssituation mit zwei Akteuren, je zwei Handlungsmöglichkeiten, symmetrischen Fällen, ohne Möglichkeit zur Absprache.

Was steckt dahinter?

Dieser Begriff beschreibt eine Situation, in der das Ergebnis nicht nur von der eigenen Entscheidung, sondern auch von der Entscheidung der anderen Partei abhängt. Quintessenz ist, dass die Summe der Entscheidungen beider Parteien – gleichwohl rational begründet – nicht unweigerlich zum optimalen Gesamtergebnis führt.

Beispiel:

Zwei Wettbewerber haben identische Produkte und allein über den Preis können Marktanteile gewonnen werden.

- Verkaufen beide zu einem hohen Preis, erzielen beide je 80 Einheiten (z. B. 80.000 Euro) Gewinn.

- Verkaufen beide zu einem niedrigen Preis, erzielen beide je 50 Einheiten Gewinn.

- Nimmt A den höheren, B den niedrigeren Preis, so erzielt A nur 30 Einheiten Gewinn (wegen geringeren Absatzes), B jedoch 100 Einheiten (wegen höheren Absatzes) – und umgekehrt.

		A			
		hoch	Σ	niedrig	Σ
B	hoch	A: 80 – B: 80	160	A: 100 – B: 30	130
	niedrig	A: 30 – B: 100	130	A: 50 – B: 50	100

Gefangenendilemma

Aus Sicht von A wählt dieser den niedrigen Preis, wenn B „hoch" wählen sollte (100 ist besser als 80), sowie den niedrigeren Preis, wenn B „niedrig" wählen sollte (50 ist besser als 30). Für B gelten die Überlegungen analog. Individuell rationales Entscheiden führt zum kollektiven Minimum (50 + 50 = 100), das Gesamtmaximum (160) wird verfehlt.

Was kann ich damit machen?

Zum einen lassen sich mit dem Gefangenendilemma strategische Situationen analysieren. Gleichzeitig kann in Entscheidungssituationen dieses Typs bei wiederholter Situation die Strategie des „tit-for-tat" angewendet werden: Dabei starten Sie kooperativ und handeln danach so, wie Ihr Gegenüber in seiner vorhergehenden Aktion. Diese Vorgehensweise hat sich als die erfolgreichste erwiesen, bleibt jedoch stabil ineffizient, wenn sich beide beim Gesamtminimum eingerichtet haben.

Strategieverständnisse

Was ist das?

Strategieverständnisse geben eine Übersicht über die verschiedenen Rollen und Funktionen von Strategie.

Was kann ich damit machen?

Das Bild der Strategie als eine von oben nach unten vorgegebene Planung zur Nutzung von Marktnischen wird durch die Strategieverständnisse erweitert.

Was steckt genauer dahinter?

Für vier Merkmale von „Strategie" werden jeweils zwei gegensätzliche Verständnisse formuliert. Vor der Formulierung einer Strategie (und auch währenddessen) ist zu entscheiden, welches Verständnis eine wie starke Rolle bei der Strategieentwicklung spielen soll. Das bedeutet für die Praxis: Welche der jeweils zwei Fragen (und ihre jeweilige Beantwortung) hat bei der Entwicklung einer Strategie stärkeren Einfluss? Davon hängen die formale Ausrichtung und infolgedessen auch die inhaltliche Ausrichtung ab.

Strategie-Handhabung	Wo ist die Position der Organisation im Markt – und wo soll sie zukünftig sein?	Wo liegen die eigenen Stärken / Kompetenzen der Organisation?
	market-based-view („Markt")	resource-based-view („Stärken")
	mb	rb

	In welchen Bereichen ist es zweckmäßig, Positionen, Produkte, Marktanteile zu verteidigen?	In welchen Bereichen ist es besser, Neuland zu erarbeiten?
Strategie-Bedingung	rec ocean („bekannte Märkte")	blue ocean („neue Märkte")
	ro	bo

	Welche Themen sollten top-down vorgegeben werden?	Welche Themen sind geeigneter, durch Mitarbeiter (oder Kunden) vorangetrieben zu werden?
Strategie-Entstehung	deliberate („bewusst")	emergent („entstehend")
	de	em

	Welche Themen sind eher geeignet, (durch-)geplant und umgesetzt zu werden?	Welche Themen sollten eher durch kleine Schritte und „Experimente" vorsichtiger angegangen werden?
Strategie-Handhabung	synoptical („als Übersicht")	incremental („als kleine Schritte")
	sy	in

Anhand folgender Abbildung lassen sich die verschiedenen Strategie- und → *Changemanagement-Schulen* gut einordnen. So hat Expertenberatung auf den Feldern 1 und 2 ihr Heimspiel, Organisationsentwicklung fühlt sich auf den Feldern 3, 7, 11 und 15 am wohlsten und iterative Beratung hat ihre Stärken auf den Feldern 9 bis 16 – bei komplexen Aufgaben fokussiert auf 10, 11, 14 und 15.

	Markt		Stärken		
neue Märkte	01	02	03	04	Übersicht
bekannte Märkte	05	06	07	08	
	09	10	11	12	kleine Schritte
neue Märkte	13	14	15	16	
	bewusst	entstehend		bewusst	

Was ist gut?

Durch die Strategieverständnisse rückt der Begriff der Strategie aus der Expertenberatungsecke heraus. Durch die Erweiterung erhalten auch Vorgehensweisen jenseits von Roadmaps oder Detailplänen ihre Berechtigung als Strategie.

Strategie

Was ist das?

Eine Strategie ist die Festlegung von Maßnahmen und von zu ihrer Verwirklichung benötigten Ressourcen zwecks Erreichung langfristiger Ziele.

Woher kommt das?

Der Begriff stammt aus dem Militär und dem Schach – und für die Wirtschaft von vielen verschiedenen Managementexperten, wie Igor Ansoff, Alfred Chandler, Henry Mintzberg und Michael Porter bis hin zu Shoshona Zuboff.

Was kann ich damit machen?

Mit einer Strategie orientieren Sie eine Organisation an verbindlichen Zielen und richten so Ihre Aktivitäten aus.

Was steckt dahinter?

Eine Strategie gibt mindestens Auskunft zu den folgenden fünf Aspekten:

- Anliegen, Bedürfnisse und Kommunikationsformen der Anspruchsgruppen
- Definition des Leistungsangebots und des anzustiftenden Nutzens bei den Zielgruppen
- Bestimmung des Fokus der Wertschöpfung – damit einhergehend die Ausdifferenzierung des Leistungsangebots
- Definition von Kooperationsfeldern und Wahl von Kooperationspartnern

- Feststellen der vorhandenen/benötigten Fähigkeiten und Kern-kompetenzen und deren Aufbau und Ausbau

- Abstecken der Zugänge zu Märkten („Vehikel")

- Planen der Abfolge von Hauptschritten, Ressourcen und Ge-schwindigkeit

Wie gehe ich konkret vor?

- Festlegen von Image, Preis und/oder Qualität als eigenes Kennzeichen im Markt

- angestrebte Schlüsselergebnisse

- Analysieren Sie die Ausgangssituation Ihrer Organisation. Dazu können Sie auf Methoden wie das → *7-S-Modell* oder die → *Kernkompetenz-Analyse* zurückgreifen.

- Bestimmen Sie, mit welchen bestehenden und neuen Produk-ten Sie in bestehenden und neuen Märkten antreten wollen. Für die Einschätzung der Produkte und Märkte können Sie auf Methoden wie die → *Portfolio-Analyse*, die → *Branchen-analyse* oder → *SWOT* zurückgreifen.

		Produkt	
		gegenwärtig	neu
Markt	gegenwärtig	Marktdurchdringung	Produktentwicklung
	neu	Marktentwicklung	Diversifikation

- Bestimmen Sie nun für jede Produkt-/Marktkombination, in welchem Umfeld Sie wie Wettbewerbsvorteile erreichen wol-len. Hilfreich bei diesen Entscheidungen können das → *CC-Verfahren* oder die → *Nutzwert-Analyse* sein.

		Wettbewerbsvorteil eher durch	
		Differenzierung	niedrige Kosten
Ort/Umfang des Wettbewerbs eher	branchen-weit	■ Differenzierung ■ Leistung/Qualität ■ Einzigartigkeit	■ Kostenführerschaft ■ Preis/Kosten ■ Standardprodukt
	segment-spezifisch	■ Differenzierungsfokus ■ spezifisches Bedürfnis ■ preisunelastisch	■ Kostenfokus ■ begrenztes Bedürfnis ■ preiselastisch

■ Für neue Produkte und Märkte legen Sie nun fest, ob Sie

   – als Erster in Produkt oder Markt einsteigen wollen („First Mover" – Vorteil: „Früher Vogel fängt den Wurm") oder lieber

   – als Nachfolger und -ahmer antreten wollen („Follower" – Vorteil: „Die zweite Maus bekommt den Käse").

   – Auch hier sollten Sie auf eben genannte Analysemethoden oder aber auf spieltheoretische Verfahren zurückgreifen.

■ Zusammenfassend legen Sie – für alle oder zusammengefasste Produkte und Märkte – die Entwicklungsrichtung fest:

   – Wachstum

   – Stabilisierung

   – Schrumpfung

■ Die sogenannten Funktionalstrategien – die Auswirkungen der Strategie auf Absatz, Produktion, F & E-, Investitionen, Finanzierung und Personal – werden anschließend operationalisiert.

Bei allen Festlegungen muss zwischen robuster und fokussierter Strategie unter- und entschieden werden:

- Bei einer robusten Strategie werden nur diejenigen Maßnahmen angegangen, die bei jedem Szenario[28] positive Wirkung haben (das können sehr wenige Maßnahmen sein).

- Bei einer fokussierten Strategie werden nur diejenigen Maßnahmen angegangen, die bei dem gewählten Szenario positive Wirkung haben (das sind mindestens die Maßnahmen, die für dieses Szenario entwickelt wurden).

Um das abschätzen zu können, sollten Sie für alle Maßnahmen prüfen, wie sich diese zu den einzelnen Szenarien verhalten.

Beispiel:

	Sz1	Sz2	Sz3	Sz4	robust	fokussiert Sz2
Europamittel beantragen	+	+	+	+	x	x
Regionalbüros eröffnen	+	–	o	–		
Personalentwicklung outsourcen	+	–	–	–		
Rahmenverträge anbieten	+	+	+	+	x	x
mit Verbänden kooperieren	+	+	–	–		x
mit Hochschulen kooperieren	+	+	+	+	x	x
„Solarbereich" verkaufen	o	+	+	+		x
asiatische Lieferanten prüfen	–	o	–	+		

Sz = Szenario
+ Maßnahme wirkt in diesem Szenario positiv
o Maßnahme wirkt in diesem Szenario neutral
– Maßnahme wirkt in diesem Szenario negativ

Abschließend werden die wichtigsten Entscheidungen in einer Strategie ausformuliert. Jede Aussage in dieser Formulierung sollte auf einen der vorher gemachten Schritte zurückführbar und folglich begründbar sein.

---

[28] „Szenario" kann eines der vier Felder bei → *SWOT* oder ein Cluster bei der → *Szenariotechnik* sein.

Beispiel:

Anliegen, Bedürfnisse und Kommunikationsformen der Anspruchsgruppen	Die HilWenTor AG ist in den Bereichen Windenergie, dezentrale Energieversorgung und ökologische Ausgleichsprogramme ein wichtiger Beratungs- und Kooperationspartner für kommunale Energieversorger. Sie plant und konzipiert nachgefragte und finanzierbare Projekte in enger Absprache mit den kommunalen Ansprechpartnern und steuert die Projektumsetzung.
Definition des Leistungsangebots und des anzustiftenden Nutzens bei den Zielgruppen	Die HilWenTor AG bietet sowohl die Optimierung bestehender Technologien als auch eigene Angebote in den genannten Bereichen. Damit entlastet sie Kommunen, Stadtwerke und regionale Energieversorger und ergänzt bundes- und europaweite Aktivitäten.
Bestimmung des Fokus der Wertschöpfung, damit einhergehend die Ausdifferenzierung des Leistungsangebots	Der Fokus der Arbeit liegt mittelfristig auf den Gebieten: ■ Ausbau dezentraler Speicherkraftwerke ■ Professionalisierung aller Abläufe bei den ökologischen Ausgleichsprogrammen ■ Investoren- und Finanzierungskonzepte ■ Vermarktung der Konzepte in EU-Ländern Die Aktivitäten und Programme im Windenergiebereich bleiben stabil, der Geschäftsbereich „Solar" wird verkleinert, je nach Marktlage veräußert. Darüber hinaus wird bei den Managementprozessen die Operationalisierung des Marketings verbessert, bei den Unterstützungsprozessen die Personalentwicklung und -einsatzplanung.
Definition von Kooperationsfeldern und Wahl von Kooperationspartnern	Jede übergeordnete Landesbehörde ist wichtiger Kooperationspartner für Genehmigungen, die KfW bedeutend für die Finanzierung bundesweit geplanter Programme. Die Technologieunternehmen Eiking GmbH und Herann AG sichern das technologische Know-how sowie die technische Produktqualität.
Feststellen der vorhandenen/benötigten Fähigkeiten und Kernkompetenzen sowie deren Aufbau und Ausbau	Dezentrale Energieversorgung und ökologische Ausgleichsprogramme müssen hinsichtlich ihrer Alleinstellungsmerkmale differenziert und geschärft werden. Die Projektleiter müssen in Prozessoptimierung und Umgang mit Behörden professionell begleitet werden.

Zugänge zu Märkten („Vehikel")	EU-Förderprogramme, bundesweite Initiativen, Kooperation mit Forschungseinrichtungen (technische und politische), Beteiligung bei Messen und in Verbänden
Abfolge von Hauptschritten, Ressourcen und Geschwindigkeit	Analyse der Förder- und Genehmigungsverfahren; Entwicklung von Finanzierungskonzepten; engere Kooperationen mit genannten Technologieunternehmen – innerhalb der nächsten 6 Monate, danach weitere Schritte abhängig von erzielten Erfolgen
eigenes Kennzeichen im Markt	Image als dezentraler Versorger, Qualität der Windenergieprodukte
angestrebte Schlüsselergebnisse	Umsatzrentabilität nach Steuern: 11,5%; Bekanntheitsgrad bei kommunalen Energieversorgern > 40%; Umsatzanteil der Produkte jünger als 5 Jahre: 65%

Was ist gut?

Die Strategieentwicklung erlaubt (und fordert) die Beteiligung vieler anderer – auch von außerhalb der Organisation. Erst die strukturierte Vorgehensweise erlaubt es Ihnen, zu planen, zu welchem Zeitpunkt die verschiedenen Erfahrungen, Interessen und Ziele eingeholt werden.

Was ist schlecht?

Da häufig nur wenige Kennzahlen (und dahinter stehende Zwecke) für die Formulierung einer Strategie in Betracht gezogen werden, erhält die Strategie Schlagseite – zumeist in Richtung Finanzen und Controlling. Dem kann mit einer → *Balanced Scorecard*, die vor einer Strategieentwicklung eingeführt wurde, entgegengewirkt werden.

Worauf ist besonders zu achten?

Die aufwändige Zusammenführung der verschiedenen Analysen, ihre Interpretation sowie die Generierung von Absichten verleiten zur Rationalisierung und Technisierung des Prozesses der Strategieentwicklung. So soll mithilfe von voreiligen Standardisierungen der Überblick gewahrt oder eine „Abkürzung" gegangen werden. Zwei Stolpersteine treten sehr häufig infolge dieses Effekts auf:

- Ein Risiko liegt in der Strategieentwicklung, wenn diese zu eng, sachzwangmäßig und alternativlos betrieben wird. Strategieentwicklung ist nie eine eindeutige Angelegenheit, auch wenn die Wortwahl der Expertenberater anderes suggeriert, indem sie aus den Zahlen eine Strategie „ableiten". Strategie ist immer eine Angelegenheit, die auf einer fundierten Analyse beruhen sollte. Doch die Formulierung einer Strategie ist nicht deduktiv, sondern eine Frage des Jonglierens mit Induktion und Abduktion (→ *Schlussweisen*).

- Weitere Gefahr droht in der Strategieumsetzung, wenn angenommen wird, die Strategie sei ein unverrückbarer Plan (→ *5 P's of Strategy*). Strategien haben einen Hauptzweck, nämlich die Verständigung. Sie „werden nicht so sehr erarbeitet, um sie umzusetzen, sondern vielmehr, damit man sie diskutieren, zu ihnen Position beziehen und sich gegenseitig aussprechen kann. Kurz gesagt, sie dienen dazu, die Debatte zu organisieren." [29]

Zudem steht die Annahme von Kausalitäten aufgrund statistischer Zusammenhänge häufig auf wackligen Füßen (→ *Korrelation/Signifikanz*), was in der Praxis der Zahlendeutung gern „vergessen" wird.

---

[29] Nach: Jullien, F.: Vortrag vor Managern über Wirksamkeit und Effizienz in China und im Westen. Berlin, S. 101 f.

Vision und Mission

Was ist das?

Vision und Mission sind zwei Begriffe, die das langfristige Ziel beziehungsweise den Nutzen einer Organisation beschreiben.

Was kann ich damit machen?

Mit Vision und Mission können Sie nach innen und nach außen Orientierung geben.

■ Eine Vision beschreibt, worauf die Organisation hinarbeitet, das langfristige Ziel. Eine Vision ist wichtig, um andere führen zu können und bei wichtigen Entscheidungen einen Anhaltspunkt zu haben.

■ Die Mission beschreibt den Nutzen einer Organisation für andere. Mit der Mission gibt die Organisation Auskunft darüber, wozu sie existiert.

Vision und Mission sind weit gefasste Statements, die der Selbstvergewisserung einer Organisation ebenso dienen, wie der Positionierung nach außen. Vision und Mission sind unter anderem für eine fundierte und akzeptierte Strategieentwicklung oder für Führungsleitlinien erforderlich.

Wie gehe ich konkret vor?

Zu dieser Methode gehört es, andere zu beteiligen, offen zu sein und diese Offenheit zu zeigen, Formulierungen selbst zu entwickeln (und nicht abzuschreiben) und immer wieder zu überprüfen und weiterzuentwickeln.

Beispiel:

Ein gutes Statement zu Vision und Mission kommt von Amnesty International:

„Amnesty International's Vision ist eine Welt, in der jede Person alle Menschenrechte genießt, wie sie in der Allgemeinen Erklärung der Menschenrechte und anderen internationalen Menschenrechtspakten verankert sind.

Im Streben nach dieser Vision ist es Amnesty International's Mission, Nachforschungen und Aktionen darauf zu konzentrieren, schlimmen Missbräuchen dieser Rechte vorzubeugen und sie zu beenden."[30]

---

[30] http://www.amnesty.org/en/who-we-are/accountability/statute-of-amnesty-inter national (Zugriff am 10.08.2011, Übersetzung: Frank Wippermann)

5 P's of Strategy

Was ist das?

Die 5 P's bezeichnen die fünf möglichen Verwendungsarten einer Strategie. Eine → *Strategie* kann:

- als Weg-/Zielbeschreibung dienen – als „plan"
- einen nächsten Spielzug beschreiben – einen „ploy"
- als Muster für Entscheidungen stehen – als „pattern"
- die Positionierung im Markt benennen – als „position"
- das kollektive Bewusstsein ausdrücken – die „perspective"

Woher kommt das?

Henry Mintzberg entwarf 1987 diese fünf Begriffe für die möglichen Charakteristika einer Strategie. Er erweiterte damit den Strategiebegriff, der bis dahin eng an den eines Plans angelehnt war.

Was ist gut?

Die fünf P's und die damit verbundenen verschiedenen Blickrichtungen auf Strategie bieten Ihnen zusätzliche Perspektiven.

Was kann ich damit machen?

Sie können die 5 P's als Tagesordnungspunkte jeder Strategiediskussion nutzen: Immer wenn es um Strategie geht, sollten Sie zunächst für sich klären, welches der fünf P's gerade im Mittelpunkt der Überlegungen steht. Kommen Sie zu keinem Ergebnis, fordern Sie dieses explizit ein – von sich oder von anderen. Bevor eine Strategiediskussion endet, sollten Sie überlegen, was die gerade diskutierte Strategie vor dem Hintergrund der anderen vier P's bedeutet.

Wie gehe ich konkret vor?

Überlegen Sie sich für jede Strategie:

- Welche Ziele sollen auf welchen Wegen mit welchen Ressourcen verfolgt werden („plan")?

- Welche Manöver sind mit einer Strategie verbunden („ploy")?

- Auf welchen Mustern ruht die Entscheidung für eine Strategie und welche Muster sind in Zukunft damit festgeschrieben („pattern")?

- Welche Position im Markt liegt dieser Strategie zugrunde und welche wird mit ihr angestrebt?

- Welche Vorannahmen über die Organisation, den Markt und „die Welt" stecken hinter einer Strategie?

Balanced Scorecard

Was ist das?

Balanced Scorecard ist ein Instrument zur Kommunikation und zur Umsetzung einer → *Strategie*.

Woher kommt das?

Robert Kaplan und David Norton entwickelten Mitte der 1990er Jahre den „ausgewogenen Berichtsbogen" (engl.: Balanced Scorecard), um mit ihm Strategien besser – ausgewogener – in der Organisationspraxis umzusetzen.

Was steckt dahinter?

Die Balanced Scorecard (BSC) dient der Umsetzung einer bestehenden Strategie in konkrete Maßnahmen. Die beiden BSC-Autoren kritisieren die ausschließliche Orientierung an kurzfristigen Finanzkennzahlen. Diese sind ungeeignet, eine Organisation zu führen und zu bewerten, weil sich mit ihnen ausschließlich rückwärtsgewandte Aussagen treffen lassen.

Was kann ich damit machen?

Mit der BSC lassen sich die Aktivitäten besser an der Organisationsstrategie ausrichten und dabei die verschiedenen Perspektiven im Auge behalten. Die angenommenen Ursache-Wirkungs-Zusammenhänge werden durch die Realität auf den Prüfstand gestellt, so dass Sie nach und nach ein immer besseres Bild Ihrer Organisation erhalten. Das vereinfacht die Steuerung anhand finanzieller und nicht finanzieller Indikatoren.

Wie gehe ich konkret vor?

■ Erläutern Sie die Strategie der Organisation durch Ursache-Wirkungs-Zusammenhänge: Welche Aktivitäten sind Ursache für welche anderen Aktivitäten? Die Gesamtaussage dieses Geflechts sollte die Basis für die Strategie ergeben.

■ Bestimmen Sie die Kriterien, die für die jeweiligen Ursache-Wirkungs-Zusammenhänge wesentlich sind.

■ Fassen Sie ähnliche Kriterien zu sogenannten Perspektiven zusammen – nach Kaplan/Norton gibt es bei den meisten Organisationen die folgenden vier Perspektiven:

  – Finanzen

  – Kunden

  – Interne Prozesse

  – Lernen und Entwicklung

Diese (oder andere) Kriterien sind in ihrer Wertigkeit gleich, das heißt sie sind ausgewogen (balanced). Die Finanzperspektive steht lediglich am Ende einer Ursache-Wirkungskette.

■ Bestimmen Sie für jede Perspektive Kennzahlen. Achten Sie dabei darauf, dass diese Kennzahlen „balanced" sind, das heißt eine Ausgewogenheit besteht zwischen:

  – Kennzahlen bezüglich kurz- und langfristiger Wirkung von Maßnahmen

  – Spät- und Frühindikatoren (Ergebnisse im Nachhinein beziehungsweise Anzeichen im Voraus)

  – finanziellen und nicht finanziellen Aspekten (in allen Perspektiven!)

- Vielfach werden Sie neue Erhebungsverfahren einführen müssen, um Kennzahlen zu bestimmen. Solange keine konkreten Zahlen vorliegen, dienen kurze qualitative Beschreibungen zur Überbrückung.

Beispiel für je eine Maßnahme pro Perspektive:

Kriterium	Messver-fahren	Ziel	Frist	Maß-nahmen	mtl	3M	6M	Prüf-verfahren
Leistungs-rate	Deckungs-beitrag	> 52 %	02/12	Effizienz-analyse	x			Bilanz
Service-reaktion	Dauer der Reklamation, Behebung	– 50 %	04/12	Einrichtung Taskforce	x			Zwischen-erhe-bungen
neue Kunden-wünsche	identifizierte Wünsche	+ 20 %	04/12	Reporting für Außen-dienst		x		Innova-tionszirkel
Mitarbeiter-innovation	Vorschläge	2,5 Ideen pro Mit-arbeiter	05/12	Paten-Modell			x	Vor-schlags-wesen

Was ist gut?

Die Prominenz der finanziellen Kennzahlen wird durch die BSC in Frage gestellt. Die Idee des dynamischen Organisationsmodells und die Fokussierung auf konkrete Maßnahmen, die an die Strategie gekoppelt sind, machen die Vorteile der BSC aus.

Was ist schlecht?

Der erste Aufbau einer BSC stellt ein anspruchsvolles Projekt dar, das in der Folgezeit aufgrund der noch zu entwickelnden Kennzahlensysteme noch lange nicht beendet ist. Diesen langen Atem haben die wenigsten Organisationen, weshalb „mal eben" neben den Finanzkennzahlen noch ein paar weitere hinzugefügt werden. Das Ergebnis: häufig anzutreffende Datenfriedhöfe ohne strategischen Bezug.

Worauf ist besonders zu achten?

Schon Kaplan und Norton warnten davor, Controllern die Verantwortung für die BSC zu geben, die durch das Einbeziehen auch subjektiver Einschätzungen in die BSC ihre Qualitätsstandards gefährdet sehen.[31] Sie raten davon ab, die BSC als ein Kontrollsystem aufzufassen, doch haben viele Organisationen diese Warnung nicht beachtet.

---

[31] Kaplan, R .S./Norton, D. P.: Balanced Scorecard. Stuttgart, S. 300.

Das nächste Kapitel bitte

- Die genaue Auswertung von erbrachter Leistung fehlt bisher.
- Die nächste anstehende Aufgabe ist, die Organisation Schritt für Schritt besser werden zu lassen.
- Erfolge zu belohnen – materiell oder immateriell – ist ein wichtiger nächster Schritt.

Nehmen Sie sich jetzt Kapitel 3 „Optimierungen umsetzen" vor.

- Die Mitarbeiter wissen nicht, was sie zu welchem Zweck tun sollen.
- Mitarbeiter müssen jetzt eingesetzt und entwickelt werden.
- Mitarbeiter zu führen, ist die nächste anstehende Aufgabe.

Nehmen Sie sich jetzt Kapitel 4 „Menschen führen" vor.

- Wissen zu generieren und zu koordinieren, steht jetzt an.
- Gerade jetzt sind neue Ideen für die Organisation wichtig.
- Es kommt jetzt darauf an, Ideen auch umzusetzen.

Nehmen Sie sich jetzt Kapitel 5 „Erneuerungen ausarbeiten" vor.

- Die anstehende Veränderung auch wirklich anzugehen, ist das Gebot der Stunde.
- Neue Strukturen und neue Kulturen Hand in Hand zu verändern – das wäre jetzt gut.
- Es steht an, dieses System „Organisation" zu begreifen und zu steuern.

Nehmen Sie sich jetzt Kapitel 6 „Change vorantreiben" vor.

Optimierungen umsetzen 3

Leistung

Was ist das?

In der Physik ein ganz einfacher Begriff (Leistung = Arbeit : Zeit), erhält Leistung im Bereich der Führung eine mehrdimensionale Bedeutung. Leistung kann sich beziehen auf das, was

- ein Mitarbeiter als Merkmale seiner Person mitbringt (Input),

- ein Mitarbeiter konkret macht (Umsetzung),

- ein Mitarbeiter als Ergebnis erarbeitet (Output).

Was kann ich damit machen?

Sie können differenzieren, worin sich Leistung – Ihre und die Ihrer Mitarbeiter – am ehesten widerspiegelt. Danach können Sie auch Ihre → *Personalentwicklung* ausrichten.

Wie gehe ich konkret vor?

Ist es eher die Qualifikation, das Verhalten oder der Erfolg, der Sie am Mitarbeiter interessiert? Natürlich wollen Sie möglichst alle drei Faktoren. Doch wo liegt der Schwerpunkt, den Sie setzen?

- Beurteilen Sie Mitarbeiter danach, ob sie gutes Know-how, viel Erfahrung und hohes Engagement mitbringen – so dass sie bei entsprechenden Aufgaben und Arbeitsbedingungen ein gutes Ergebnis bringen? Oder:

- Beurteilen Sie Mitarbeiter danach, wie sie sich im konkreten Arbeitsverhalten bewähren? Ob sie Regeln einhalten und Aufgaben umsetzen – was auf gute Qualifikation zurückzuführen ist und gute Ergebnisse mit sich bringt? Oder:

■ Beurteilen Sie Mitarbeiter danach, welches Ergebnis sie erarbeiten, ob Ziele erreicht werden – was auf gute Qualifikation unter Beachtung der Standards zurückzuführen ist?

Beispiel:

Wie würdigen Sie die Leistung eines Mitarbeiters, der ein hervorragendes Ergebnis bringt, dieses jedoch lediglich sowohl günstiger Umstände (Rückenwind wie Konjunktur oder Zufall) als auch nicht vorgesehener „Abkürzungen" seinerseits (grenzwertige Auslegung von Qualitätsnormen) verdankt?

Kompetenz und Qualifikation

Was ist das?

Kompetenz ist das Kennen, Können und Wollen einer Person (als Qualifikation) innerhalb des durch die Organisation gestalteten Rahmens aus Dürfen und Können.[32]

Was steckt dahinter?

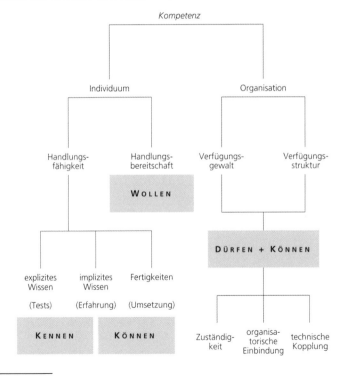

---

[30] Das erste „Können" umfasst das Fähigsein, das zweite das Zurverfügunghaben.

Was kann ich damit machen?

Sie können damit differenzieren, worin bei jedem Mitarbeiter die Kompetenzen liegen. Sowohl Maßnahmen der Organisations- als auch der → *Personalentwicklung* bauen darauf auf.

Motivation

Was ist das?

Motivation beschreibt das komplexe Zusammenspiel vielfältiger Beweggründe für ein konkretes Verhalten in einer Situation. Motive hingegen beschreiben, wie wichtig einem Menschen welche Art von Zielen ist. Kurz: Motive sind der Resonanzboden, auf dem Motivation unter Umständen entsteht.

Für Freunde der Analogie: Ein Motiv ist so etwas wie der 5-Meter-Turm; je nach Situation (Lufttemperatur, Mageninhalt, Zahl und Art – Bekannte? – der Zuschauer) entsteht darauf die Motivation … zu Dreifachsalto, Paketsprung oder doch Treppe runtergehen.

Woher kommt das?

David McClelland brachte Klarheit in das Wirrwarr der Begriffe um Motivation, Motiv, Motivierung usw. Sein 1984 erschienenes Buch „Human Motivation" ist längst ein Klassiker. Mit der Umsetzung seiner Ansätze in den Führungs- und Veränderungsalltag ringen seitdem (fast) alle Organisationen.

Was steckt dahinter?

Nach McCleland gibt es drei Motive („Big three").

Motiv	damit verbun- dener Wunsch	damit verbundene Befürchtung	Handlung für das Motiv
Zugehörigkeit	■ Sicherheit ■ Zuwendung ■ Geborgenheit	■ Zurückweisung ■ Isolation ■ Wertlosigkeit	Beiträge anderer beachten
Macht	■ Bedeutung ■ Einfluss ■ Status	■ Abhängigkeit ■ Missachtung ■ Ohnmacht	Beiträge anderer aufnehmen
Leistung	■ Fortschritt ■ Erfolg ■ Neugier	■ Unfähigkeit ■ Schwäche ■ Versagen	Beiträge anderer anerkennen

Motivation entsteht nun, wenn eines oder mehrerer dieser Motive in bestimmten Situationen von der Person selbst (intrinsische Motivation) oder von außen (extrinsische Motivation) angeregt wird. Diese Anregung kann durch den Nachweis ausgeschütteter Neurotransmitter empirisch belegt werden.

Intrinsische Motivation

Intrinsische Motivation hängt davon ab, wie gut der augenblickliche Wunsch der Person (z. B. nach Sicherheit, Bedeutung, Fortschritt) mit der vor ihr stehenden Aufgabe (z. B. die Ungewissheit vor einem Auftritt auf „großer Bühne") übereinstimmt.

Extrinsische Motivation

Extrinsische Motivation hängt davon ab, welche Intensität und Akzeptanz eine Person äußeren Mitteln und Ressourcen (z. B. Belohnung, Strafvermeidung) in einer Situation beimisst.

Zum Verhältnis zwischen intrinsischer und extrinsischer Motivation gibt es nur wenige Aussagen, über die kaum gestritten wird. Die folgenden beiden zählen dazu:

- In einer Situation schließen sich die beiden Motivationsarten nicht zwingend aus.

- Intrinsische Motivation ist beständiger als extrinsische Motivation.

Bei der Frage nach der Wechselwirkung zwischen den beiden Motivationsarten ist der Streit nach wie vor in vollem Gang:

- Eine Meinung ist, dass die extrinsische die intrinsische Motivation verringert, indem sie als die zusätzliche vordergründig präsenter ist. Dabei bleibt die intrinsische Motivation sogar auf dem geringeren Niveau, wenn die extrinsische Motivation wegfällt.

- Die andere Meinung dagegen ist, dass die extrinsische die intrinsische Motivation verstärkt, indem sie zusätzliches Feedback gibt.

Was kann ich damit machen?

Wichtig: Was Sie damit *nicht* machen können: Die Motivierung anderer. Für dieses Ansinnen verweise ich auf die Aussage von Gerhard Spitzer:

„Geht man den Gründen für die Frage zur Motivationserzeugung nach, so stellt sich heraus, dass es letztlich um Probleme geht, die jemand damit hat, dass ein anderer nicht das tun will, was er selbst will, dass es der andere tut."[33]

Sie können jedoch die „Big three"-Motive sowie ihre positiven wie negativen Ausprägungen heranziehen und sich und Ihre Einschätzung zur Motivation anderer beurteilen.

---

[33] Spitzer, G.: Lernen. Heidelberg, S. 192.

Zu welchem der beiden gegensätzlichen Bilder neigen Sie eher? [34]

Ich gehe eher davon aus, dass „der Mensch" (ich, meine Mitarbeiter, mein Chef, der Briefträger, usw.) …	
… passiv ist.	… aktiv ist.
… Verantwortung scheut.	… verantwortungsfreudig ist.
… nur unter Zwang/Androhung arbeitet.	… leistungswillig ist.
… zu Neuerungen gezwungen werden muss.	… von sich aus kreativ ist.
… vermeidet, für etwas zuständig zu sein.	… nach Befugnissen strebt.

Neigen Sie eher zur linken Spalte, werden Sie mehr durch Weisungen, Strafen und Verlockungen führen. Neigen Sie eher zu der rechten Spalte, werden Sie führen, indem Sie anderen ermöglichen, ihre Bedürfnisse zu erfüllen.

Wie gehe ich konkret vor?

Vor dem Hintergrund der genannten Unterscheidungen und Voraussetzungen sollten Sie als Führungskraft die folgenden 15 Felder der Motivation von Mitarbeitern verbessern:[35]

---

[34] Nach: McGregor, Douglas: Der Mensch im Unternehmen.
[35] 15 Felder nach: Rosenstiel, Lutz von: Motivation von Mitarbeitern, S. 173–192. In der rechten Spalte sind die 15 Felder grob den „Big three" zugeordnet.

Felder der Motivation	
Kollegen: Gefühl, akzeptiert zu werden	Z
Vorgesetzter: mitarbeiterorientierter Führungsstil	Z
Tätigkeit: Handlungsspielraum, Stärken einbringen	M
Arbeitsbedingungen: Hilfsmittel, Umgebung	Z
Organisation: Image, Informationsfluss	M
Entwicklung: Aufstiegserwartung und erreichter Aufstieg	L
Bezahlung: der soziale Vergleich ist ausschlaggebend	?
Arbeitszeit: Flexibilität, Autonomie	M
Arbeitsplatzsicherheit: vor allem bei Gefährdung des Arbeitsplatzes	Z
Leistung: klare Ziele, Rückmeldung	L
Anerkennung: Stellungnahme, vor allem durch Vorgesetzten	Z
Arbeit selbst: Einbringen eigener Fähigkeiten	M
Verantwortung: Mitarbeiterrechte entsprechen seiner Aufgabe	M
Aufstieg: weitere Arbeitsinhalte, mehr Verantwortung	L
Wachstum: Arbeit als Lernfeld, Kompetenz-Zuwachs	L

Z = Zugehörigkeit, M = Macht, L = Leistung

Wichtig: Bearbeiten Sie möglichst viele Felder, statt bei einigen wenigen zu verharren.

Worin besteht eine Alternative?

Sicherlich keine Alternative besteht in überkommenen Ansätzen, die jedoch noch immer sehr verbreitet sind:

- die Bedürfnispyramide von Abraham Maslow

- die Zwei-Faktoren-Theorie von Frederick Herzberg

Für beide Ansätze gibt es empirische Studien, die diese gerade nicht bestätigen[36] – sie gelten daher als überholt.

---

[36] Zu Maslow: Clay, Rex J.: The relationship of democratic governance to needs satisfaction of instructors in four selected North Carolina community colleges: a validation study of Maslow's needs theory. Research Report 1977. Zu Herzberg: Wall, Toby D./Stephenson, G. M.: Herzberg's two-factor theory of job attitudes: a critical, evaluation and some fresh evidence.

Evaluation

Was ist das?

Evaluation ist die Beurteilung der Effektivität einer Maßnahme, das heißt die Beantwortung der Frage, ob mit einer Maßnahme bestimmte Ziele erreicht worden sind. Weit verbreitet ist Evaluation in der → *Personalentwicklung.*

Was kann ich damit machen?

Maßnahmen können systematisch ausgewertet werden. Für neue ähnliche Maßnahmen kann gelernt werden, indem Ziele und/ oder Vorgehen verändert werden.

Was steckt dahinter?

Die Evaluation von Personalentwicklungsmaßnahmen kann auf bis zu fünf Ebenen vorgenommen werden:

- *Reaktionsebene:*
  Wie zufrieden ist der Teilnehmer mit der Maßnahme?

- *Lernebene:*
  Was hat der Teilnehmer konkret gelernt – in Bezug auf Verhalten, Wissen oder Fertigkeiten?

- *Transferebene:*
  Wie gut wendet der Teilnehmer das Gelernte in der Praxis an?

- *Performance-Ebene:*
  Welche Auswirkungen hat diese Anwendung auf andere, zum Beispiel Kollegen, Kunden, Lieferanten?

- *Ergebnisebene*:
  Welche Verbesserungen im Ergebnis ergeben sich daraus?

Wie gehe ich konkret vor?

- Vor Beginn der Maßnahme müssen die Ziele, die mit der Maßnahme erreicht werden sollen, formuliert werden.

- Um das bei Personalentwicklungsmaßnahmen strukturiert (und innerhalb der Organisation vergleichbar) zu machen, wird meistens auf eine → *Taxonomie* zurückgegriffen.

- Instrumente der Erhebung für die bis zu fünf Ebenen werden erarbeitet. Vorteilhaft ist es, diese vorher vor allem auf Verständlichkeit, Praktikabilität und Aussagekraft, zu testen.

- Entlang einer Zeitleiste wird festgelegt, welche Gruppen wann befragt werden sollen.

Beispiel:

Die Qualität einer Potenzialanalyse zur Entwicklung von Führungskräften soll evaluiert werden.

Angewandte Verfahren: Fragebögen, telefonische halbstandardisierte Interviews, quantitative und qualitative Auswertung, statistische Analysemethoden.

Ziele, Zeitleiste, Beteiligte

Kriterium	Wert	TN	Fk	MA	dir	4W	3M	E
Zufriedenheit mit dem Instrument	80 %	x			x			R
Zufriedenheit der Teilnehmer mit dem Instrument	80 %	x				x		R
Positive Antworten auf die Frage nach wertvollen neuen Erkenntnissen für sich	90 %	x				x		L
Positive Antworten auf die Frage nach der Anwendbarkeit dieser Erkenntnisse	70 %	x				x		T
Antworten auf die Frage nach verändertem Verhalten des Teilnehmers	80 %	x	x			x		T
Zufriedenheit mit dem Teilnehmer	+20%[37]		x	x			x	P
Positive Entwicklung indirekter Mitarbeiterkennzahlen (Fluktuation, Beteiligung an Projekten usw.)	+ 10 %						[38]	E

TN: Rückmeldung des Teilnehmers

Fk: Rückmeldung der Führungskraft (das heißt des Chefs des Teilnehmers)

MA: Rückmeldung der Mitarbeiter (des Teilnehmers)

dir: Rückmeldung direkt nach der Auswertung des Instruments

4W: Rückmeldung vier Wochen nach der Auswertung des Instruments

3M: Rückmeldung drei Monate nach der Auswertung des Instruments

E: Ebene der Evaluation, auf die sich das Verfahren bezieht

---

[37] Gegenüber Vergleichswerten aus einer 360°-Beurteilung vor der Maßnahme.

[38] Im Rahmen der jährlichen Erhebung der Kennzahlen.

Was ist gut?

Alle Beteiligten, vor allem die Führungskräfte und die Personalabteilung, erhalten fundierte und strukturierte Daten über die Wirkung ihrer Arbeit. Die Effektivität von Maßnahmen kann daraufhin korrigiert werden.

Die Evaluation selbst rückt die Personalentwicklungsmaßnahme und vor allem deren Transfer in die Praxis stärker in den Blick von Teilnehmer und Führungskraft: Das verringert die Wahrscheinlichkeit, dass die Inhalte der Maßnahme schnell in Vergessenheit geraten.

Was ist schlecht?

Eine gute Evaluation erfordert sehr viel Aufwand. Neben der eigentlichen Evaluation werden häufig Vergleichskennzahlen (meistens ein Referenzpunkt vor der Maßnahme) benötigt.

Worauf ist besonders zu achten?

Gegensätzliche Ergebnisse zwischen den verschiedenen Ebenen müssen vorsichtig interpretiert werden. Wie ist es beispielsweise zu deuten, wenn Teilnehmer mit der Maßnahme selbst unzufrieden sind, sich aber ab der Lernebene gute Ergebnisse vorweisen lassen? (Beispiel: Der harte unbeliebte Lehrer, bei dem man – auch wenn man es ungern zugibt – doch viel gelernt hat.)

Gute Resultate auf den weiter hinten liegenden Ebenen (Performance- und Ergebnisebene) lassen sich nie allein auf eine Maßnahme zurückführen – Gleiches gilt im Übrigen auch für schlechte Resultate –, denn zu viele andere Einflüsse bestimmen die Ergebnisse mit. Viele fragen sich daher zurecht, ob für diese beiden Ebenen überhaupt noch Kennzahlen erhoben werden sollen.

Reifegrad

Was ist das?

Der Reifegrad ist ein Raster mit Kriterien und Abstufungen, um den Fortschritt bei der Implementierung und Etablierung von Veränderungen zu bewerten.

Woher kommt das?

Reifegradsysteme haben ihren Ursprung im → *Qualitätsmanagement*.

Was kann ich damit machen?

Mit einem standardisierten Verfahren können Sie den Fortschritt von Veränderungsvorhaben oder Projekten erheben, quantifizieren und vergleichen.

Wie gehe ich konkret vor?

- Bestimmen Sie vor dem Start einer Veränderung die wichtigsten Kriterien, anhand derer sich der Fortschritt der Umsetzung festmachen lässt.

- Beschreiben Sie anhand von Stufen, was konkret erreicht sein muss, damit eine bestimmte Stufe als erreicht gilt. Üblich sind fünf bis sechs Stufen. Dabei können Sie sich an eines der folgenden Systeme anlehnen.

Stufe	SPICE[39]	CMMI[40]	BPMM[41]
0	Not-Performed	Incomplete	
1	Performed-Informally	Performed	Learner
2	Planned-and-Tracked	Managed	Improver
3	Well-Defined	Defined	Achiever
4	Quantitatively-Controlled	Quantitatively Managed	Performer
5	Continuously-Improving	Optimized	Leader

Was ist gut?

Nicht nur Ziele, sondern auch Zwischenstufen sind durch die Reifegrade beschrieben und damit kommunizierbar.

---

[39] Software Process Improvement and Capability Determination – beschrieben in der ISO 15504.
[40] Capability Maturity Model Integration – ein Modell zur Konkretisierung der ISO 9001-Anforderungen.
[41] Business Process Management Model – ein Modell zur Verbesserung des → *Prozessmanagements.*

Fehler

Was ist das?

Ein Fehler ist ein alltäglicher Begriff, der Handlungspotenzial entfaltet, wenn er differenziert betrachtet wird.

Woher kommt das?

Der Begriff kommt aus dem Qualitätsmanagement.

Was kann ich damit machen?

Sie können untersuchen, worauf ein Fehler zurückgeführt werden kann, um damit die Ursache abzustellen. Jedoch können Sie sogar darauf hinwirken, dass Fehler erst gar nicht auftreten (Vorsorge) oder Fehlern gegenüber eine auch positive Haltung eingenommen wird (Fehlerfreundlichkeit).

Wie gehe ich konkret vor?

Ist ein Fehler aufgetreten, analysieren Sie:

- Wieso handelt es sich um eine Nichterfüllung von Vorgaben („defect")?

- Wieso handelt es sich um eine Abweichung von einer Erwartung („error")?

- Wieso handelt es sich um das Scheitern einer Aktion („failure")?

Anschließend suchen Sie für jede der drei Antworten nach Maßnahmen, die diese Fehlerursache in Zukunft vermeidet.

Beispiel:

Eine Lieferung kommt verspätet beim Kunden an.

■ Dem „defect" können Sie durch größere Puffer beim Lieferungsprozess vorbeugen.

■ Dem „error" können Sie durch Vorabinformation des Kunden über die Verspätung vorbeugen.

■ Dem „failure" können Sie durch redundante Prozesse beim „kritischen Pfad" (→ *Projekt*) vorbeugen.

Korrelation und Signifikanz

Was ist das?

Beide Begriffe stammen aus der Statistik: Korrelation weist darauf hin, wie eng zwei Ereignisse zusammenhängen, Signifikanz darauf, wie zufällig dieser Zusammenhang ist.

Was steckt dahinter?

Korrelation beschreibt, wie zuverlässig man von einem Ereignis auf ein anderes folgern darf. Es ist eine Aussage, wie gut die Konsequenz „je mehr …, desto …" zutrifft.

Signifikanz beschreibt, wie hoch die Irrtumswahrscheinlichkeit ist; sie ist somit eine Aussage über die Zufälligkeit von Zusammenhängen.

Selbst bei starkem, nicht zufälligem Zusammenhang kann keine Aussage über Kausalität getroffen werden.

Beispiel:

In einer Organisation werden sowohl Mitarbeiterkennzahlen wie Krankenstand als auch Prozesskennzahlen wie Fehlerrate erhoben. Die beiden Phänomene korrelieren stark („Je mehr Fehltage, desto weniger Fehler.") und sind signifikant, das heißt Zufall kann ausgeschlossen werden. Ein Fehlschluss wäre, hier eine Kausalität zu vermuten. Der Grund für dieses statistische Phänomen kann sein, dass in Abteilungen mit hoch automatisierten und stark überwachten Prozessen die Arbeitsbedingungen am schlechtesten sind (z. B. Lärm, Schmutz, schlechtes Licht).

Wie gehe ich konkret vor?

Ordnen Sie statistische Kennzahlen nach ihrer Güte ein:

Korrelation		Signifikanz	
Zusammenhang		Zufälligkeit	
schwach	< .30	hoch	> 0.05
mittel	.30 – .50	mittel	< 0.05
stark	.50 – .70	gering	< 0.01
sehr stark	> .70	sehr gering	< 0.001

Was kann ich damit machen?

Sie können Ihren kritischen Blick auf die so häufig postulierten kausalen Zusammenhänge schärfen und die gutgläubige Gefolgschaft von Schlüssen und Ableitungen hinterfragen (→ *Schlussweisen*).

Skalenniveau

Was ist das?

Das Skalenniveau ist eine Beschreibungsebene für die Eigenschaft von Merkmalen.

Was kann ich damit machen?

Mit den Skalenniveaus können Sie bestimmen, welche mathematischen Operationen mit erhobenen Daten methodisch zulässig sind.

Wie gehe ich konkret vor?

Bestimmen Sie für erhobene Daten, ob diese Daten – und das ihnen zugrunde liegende Messverfahren – darüber Auskunft geben, ob …

	… sie unterschiedlich sind.	… sie in eine Reihenfolge gebracht werden können.	… die Abstände zwischen zwei Werten identisch sind.	… es einen absoluten Nullpunkt gibt.
allgemeines Beispiel	Blutgruppe	Bundesliga-Tabelle	Temperatur (in °C)	Temperatur (in K)
Beispiel Person	Geschlecht	Beurteilungs-noten*	Körpergröße**	Betriebs-zugehörigkeit
Beispiel Organisation	Standort	→ *Reifegrade*	relativer Marktanteil	Anzahl Fehler
Skalenniveau	Nominalskala	Ordinalskala	Intervallskala	Verhältnisskala
zulässige Operationen	=/≠	=/≠ </>	=/≠ </> +/–	=/≠ </> +/– ×/÷

*   Beurteilungsnoten haben keinen gleichen Abstand: Der Unterschied zwischen 4 und 5 ist wahrlich ein anderer als der zwischen 2 und 3.

**   Die Körpergröße hat keinen absoluten Nullpunkt: Jeder von uns ist mit seiner ihm eigenen Geburtsgröße ausgestattet.

Was ist gut?

Berechneten Ergebnissen wird mit begründeter Skepsis begegnet, zum Beispiel gegenüber Durchschnittsnoten.

Worauf ist besonders zu achten?

Andere werden bei ihren schlechten mathematischen Angewohnheiten bleiben.

Vergütungsgrundsätze

Was ist das?

Die Vergütungsgrundsätze bezeichnen ein dreistufiges Schema, um zu klären:

- wovon Vergütung abhängt
- wie sich die Vergütung ergibt
- wie unabhängig die Vergütungen der Mitarbeiter voneinander sind

Was kann ich damit machen?

Sie können damit die Art und Methodik der Vergütung in der Organisation transparent machen und den Versuch unternehmen, gerechtere Vergütungssysteme aufzubauen.

Wie gehe ich konkret vor?

Schritt 1

Bestimmen Sie, wovon die Vergütung eines Mitarbeiters abhängen soll. Bei mehreren Bezugsgrößen sollten Sie deren Verteilung festlegen.

Bezugsgröße	gleicher Lohn für
Anforderungen des Arbeitsplatzes	gleiche Arbeit
Erbrachte Ergebnisse des Mitarbeiters	gleichen Erfolg
Ergebnis des Wertschöpfungsprozesses der Organisation	gleichen Organisationserfolg
Qualifikation des Mitarbeiters	für gleiche Qualifikation
Loyalität des Mitarbeiters	für gleichen Status

Vergütungsgrundsätze

Schritt 2

Legen Sie nun fest, wie die Vergütung von der/den Bezugs-größe(n) abhängen soll.

① Diese Bezugsgröße bildet die X-Achse der folgenden Grafik, die Vergütung die Y-Achse.

② Bis zu welchem Bezugswert soll die Vergütung fix sein?

③ Ab welchem Bezugswert soll die Vergütung wieder konstant sein (Deckelungsstart)?

④ Welcher fixe Vergütungswert soll gelten (garantierte Vergü-tung)?

⑤ Bis zu welchem Vergütungswert soll variiert werden?

⑥ Nach welcher Form bestimmt sich die y(x)-Funktion? Hier sind Geraden, Treppen, Kurven und Mischungen möglich.

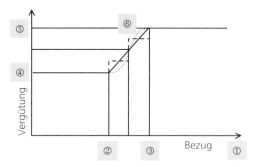

Schritt 3

Bestimmen Sie, ob und wie die Vergütung eines Mitarbeiters von der seiner Kollegen abhängt. Hier gibt es drei Varianten, die in der Praxis häufig anzutreffen sind – wobei die letzte Variante voraus-setzt, dass im ersten Schritt das Ergebnis des Wertschöpfungs-prozesses der Organisation als Bezugsgröße gewählt wurde.

	Vergütung abhängig vom	Vorteil	Nachteil
individuell	Ergebnis jedes Einzelnen	dem Einzelnen angemessen	„Topf" kann gesprengt werden
kollektiviert	Ergebnis des Einzelnen relativ zu den Kollegen	„Topf" wird immer ausgeschüttet	„Topf" wird immer ausgeschüttet
kollektiv	organisationsbezogenen Ergebnis	der Organisation als Ganzes angemessen	Trittbrettfahrer

Schritt 4

Legen Sie fest, woraus Zusatzvergütungen (Prämien, Boni) finanziert werden sollen. Dazu gibt es drei Varianten:

1. Ausschließliche Finanzierung durch den Arbeitgeber
   Begründung: Gute Mitarbeiterergebnisse (bei den Bezugsgrößen) müssten zu höherem Gewinn führen, was diese Finanzierung rechtfertigt.

2. Ausschließliche Finanzierung durch die Mitarbeiter
   Begründung: Mitarbeiterergebnisse verteilen sich statistisch, da ist es gerechtfertigt, dass die Minderleister eine geringere Vergütung erhalten, die Mehrleister eine höhere.

3. Eine Mischfinanzierung aus 1. und 2.

Anmerkung: Bei den Varianten 2 und 3 zahlen die Mitarbeiter mit in den „Topf" ein, der später verteilt wird. Der fixe Vergütungswert (Nr. 4 in der Grafik) liegt somit unter dem üblichen Jahreseinkommen.

Was ist gut?

Sie haben eine Diskussions- und Entscheidungsgrundlage, um das Thema Vergütung strukturiert anzugehen.

Was ist schlecht?

Auf jeden einzelnen Einwand einzugehen oder jede Sondersituation zu regeln, führt geradewegs in die Fallstricke des → *AGE-Prinzips.* In der Regel werden auch Sie dort landen.

Worauf ist besonders zu achten?

Ein Stolperschritt liegt in Schritt 4. Der sogenannte Endowment-Effekt besagt, dass Menschen das Risiko scheuen und an ihrer Ausstattung (engl.: endowment) festhalten wollen („was man hat, das hat man"). Ein Risiko wird erst dann akzeptiert, wenn das positive Risiko (Wahrscheinlichkeit × Nutzen) wesentlich höher ist als das negative. Bei einer 50 : 50-Entscheidung (Münzwurf) wiegt für die meisten Menschen erst eine Verdopplung des möglichen Gewinns den möglichen Verlust auf: Die Furcht vor einem Verlust überwiegt.[42] Das sollten Sie beachten.

---

[42] Vgl. Kahneman, D./Knetsch, J. L./Thaler, R. H.: Experimental tests of the endowment effect and the Coase theorem.

Total Reward System

Was ist das?

Das Total Reward System ist ein Konzept zur Gestaltung eines Einkommens- und Anreizsystems – ein „umfassendes Anerkennungssystem".

Woher kommt das?

Ausgangspunkt für die meisten Konzepte ist das von Michael Armstrong entwickelte System, das im Folgenden erläutert wird. Auf diesem System bauen die meisten Beratungsunternehmen ihre Konzepte auf.

Was kann ich damit machen?

Mit dem Total Reward System können Sie ein Vergütungs- und Anreizsystem gestalten, das über monetäre Elemente hinausgeht. Damit erhalten Sie ein System, das extrinsische und intrinsische → *Motivation* anspricht.

Wie gehe ich konkret vor?

Analysieren Sie zunächst die derzeitige Systematik, indem Sie für jeden der vier Quadranten konkret die Elemente an Anerkennung nennen, die in Ihrer Organisation derzeit nachweisbar, strukturiert und offiziell verwendet werden.

monetär	
Löhne und Gehälter	**Sonstige monetäre Anreize**
■ fixes Einkommen	■ Firmenkredit
■ variables Einkommen	■ Gesundheitsvorsorgeprogramme
■ Prämien	■ Firmenwagen
Aus- und Weiterbildung	**Arbeitsklima und Organisationskultur**
■ klare Perspektiven/ Karrierewege	■ Feedback, Führungsstil
■ Leistungsbeurteilung	■ gegenseitiger Respekt
■ Weiterbildungsmaßnahmen	■ Zugehörigkeitsgefühl
nicht-monetär	

individuell (linke Seite) — *kollektiv* (rechte Seite)

Ergänzen Sie Maßnahmen und Programme für diejenigen Quadranten, in denen Ihre Organisation derzeit weniger Elemente der Anerkennung vorweisen kann. Prüfen Sie, ob diese Maßnahmen mit der → *Strategie* zusammenpassen.

Was ist gut?

Der Blick wird auf die umfassende Gestaltung von Anerkennungsmaßnahmen gelenkt.

Qualitätsmanagementsystem

Was ist das?

Ein Qualitätsmanagementsystem (QMS) ist die Gestaltung der Aufbau- und Ablauforganisation einer Organisation hinsichtlich einer einheitlichen und gezielten Planung, Umsetzung und Steuerung der Maßnahmen zum Zweck höherer Qualität.

Was kann ich damit machen?

Mit einem QMS lassen sich alle Geschehnisse in der Organisation (einschließlich der Beziehungen zu ihrem Umfeld) steuern, um so strukturiert Abläufe und Ergebnisse zu verbessern.

Wie gehe ich konkret vor?

- Bestimmen Sie den → *Reifegrad* der Organisation:
  - Wie fehlerhaft sind → *Prozesse,* Produkte und Dienstleistungen?
  - Wie zuverlässig sind Prozesse gestaltet (Fehlerfreundlichkeit)?
  - Wie zufrieden sind die Kunden (auch die internen)?
  - Wie zufrieden sind die Mitarbeiter?
  - Wie zuverlässig und aufeinander abgestimmt sind Strategie, Führung, Ressourcen und externe Partner?
  - Wie umfassend und angemessen werden Indikatoren und Kennzahlen erhoben und ausgewertet?

■ Analysieren Sie Stärken und Schwächen der Organisation, setzen Sie Verbesserungen gezielt um. Dabei empfiehlt es sich, auf bewährte QMS zurückzugreifen, wie → *EFQM* oder → *ISO 9000*.

Was ist gut?

Mit einem QMS können die verschiedenen Aktivitäten einer Organisation gebündelt und besser gesteuert werden, gerade über verschiedene Geschäftsbereiche oder Standorte hinweg.

Worauf ist besonders zu achten?

Wenn das QMS die Funktion übernimmt, eine Strategie zu ersetzen oder zu überholen, sollte Alarm geschlagen werden: Ein QMS ist ein Umsetzungsinstrument, darin liegen seine Stärken.

EFQM

Was ist das?

Das EFQM ist ein → *Qualitätsmanagementsystem*, bei dem gleichgewichtig Befähiger („enablers") und Ergebnisse („results") betrachtet werden.

Woher kommt das?

1988 wurde die EFQM (European Foundation for Quality Management)[43] von 14 europäischen Unternehmen gegründet.

Was kann ich damit machen?

Sie können mit dem EFQM-Modell Ihre Organisation umfassend analysieren und verbessern. EFQM geht damit weit über klassisches Qualitätsmanagement hinaus in Richtung → *Changemanagement*.

Wie gehe ich konkret vor?

- Analysieren Sie Ihre Organisation zu folgenden neun Aspekten:
  - Wie erfolgt Führung?
  - Wie entsteht Strategie, wie wird sie entwickelt?
  - Wie geht die Organisation auf Mitarbeiterbelange ein?
  - Wie geht sie mit Ressourcen und externen Partnern um?
  - Wie gestaltet sie ihre Prozesse?

---

[43] www.efqm.org

– Welche Ergebnisse erzielt die Organisation bei ihren Kunden?

– Welche Ergebnisse erzielt sie bei ihren Mitarbeitern?

– Welche Ergebnisse erzielt sie in der (öffentlichen) Gesellschaft?

– Welche Ergebnisse erzielt sie bei den strategisch wichtigen Themen?

■ Schätzen Sie zu jedem dieser Punkte (das detaillierte Modell umfasst 32 Unterpunkte) die Stärken und Schwächen ein.

■ Daraufhin entwickeln Sie Ideen zur Verbesserung – zur Stärkung der Stärken und zum Abbau der Schwächen.

Worin besteht eine Alternative?

Größter Konkurrent ist → *ISO 9000*, an die aus EFQM-Sicht der Vorwurf zu großer Prozesslastigkeit, zu geringer Ergebnisorientierung und zu rigider Regelung (Dokumentation) geht.

ISO 9000

Was ist das?

ISO 9000 ist ein → *Qualitätsmanagementsystem*, bei dem Grundlagen, Mindestanforderungen und Verbesserungen von Qualität betrachtet werden.

Was steckt dahinter?

Die ISO 9000 besteht aus drei Teilen:

- ISO 9000, in der Grundlagen und Begriffe festgelegt werden

- ISO 9001, in der Anforderungen an ein Qualitätsmanagementsystem formuliert sind

- ISO 9004 mit der Anleitung für kontinuierliche Verbesserung

ISO 9001 und 9004 sind identisch vom Aufbau.

Was kann ich damit machen?

Mit der ISO 9000 können Sie vor allem die Prozesse in Ihrer Organisation umfassend analysieren und verbessern.

Wie gehe ich konkret vor?

- Beschreiben Sie so ausführlich wie nötig, wie Ihre Organisation zu folgenden fünf Aspekten agieren soll:
  - Welche Anforderungen sollen an die Dokumentationen gestellt werden?
  - Wie soll die Verantwortung der Leitung gestaltet sein?

- – Wie soll die Organisation mit Ressourcen umgehen?
- – Wie sollen Produkte realisiert werden?
- – Wie sollen Abläufe analysiert und verbessert werden?

- Analysieren Sie nun die Realität in Ihrer Organisation in zweierlei Hinsicht
  - – „Gegen die Norm": Werden alle geforderten Qualitätsmerkmale der ISO 9001 beschrieben?
  - – „Gegen das Handbuch": Wird entsprechend der Festlegungen im eigenen QM-Handbuch vorgegangen?

Worin besteht eine Alternative?

Größter Konkurrent ist → *EFQM*, an das aus ISO 9000-Sicht der Vorwurf eines beliebigen Rahmens und der fehlenden allgemeinen Normierung geht (ISO-Zertifikate bezeugen weltweit identische „Hürden" und eine identische „Hürdenhöhe").

Six Sigma

Was ist das?

Six Sigma bezeichnet einen Ansatz der Beschreibung, Messung, Analyse, Verbesserung und Überwachung von Prozessen mithilfe statistischer Methoden.

Woher kommt das?

Vorläufer kommen aus dem japanischen Schiffsbau. Six Sigma als einheitlicher Ansatz wurde 1987 von Motorola erstmals angewendet. „Six Sigma" steht für einen Prozess, der mit einer Wahrscheinlichkeit von 99,9996 Prozent frei von → *Fehlern* ist – das ist das erklärte Ziel.

Was kann ich damit machen?

Sie können Prozesse analysieren, verbessern und kontrollieren.

Wie gehe ich konkret vor?

- Bestimmen Sie für jeden Prozess sein jeweiliges Ziel und welche Ressourcen dafür zur Verfügung stehen (Zeit, Mitarbeiter, Material, Geld usw.).

- Messen Sie, wie gut der Prozess derzeit abläuft.

- Analysieren Sie, warum Abweichungen auftreten.

- Planen Sie Verbesserungen, testen Sie diese und führen Sie sie dann umfassend ein.

- Überwachen Sie die Qualität der verbesserten Prozesse.

Was ist gut?

Mit Six Sigma werden Sie angehalten, jeden Prozess als eigenständig zu betrachtendes Projekt aufzufassen. Mit einem Rückgriff auf die statistischen Methoden werden organisationsweit geltende Verfahren eingesetzt.

Was ist schlecht?

Der Ansatz ist stark produktionslastig, zudem ist die Fokussierung auf eine Normalverteilung (die nur bei Zufallsgrößen gilt) methodisch nicht immer korrekt.

Worauf ist besonders zu achten?

Die Frage nach der Wirtschaftlichkeit, die Prozesse so zu optimieren, dass nur noch 3,4 Fehler bei einer Million Fälle auftreten, muss in jeder Organisation immer wieder gestellt werden.

Kaizen

Was ist das?

„Kaizen" ist ein japanischer Begriff (bedeutet übersetzt: Veränderung zum Besseren) für den Kontinuierlichen Verbesserungsprozess (KVP), engl.: Continuous Improvement Process (CIP). Eine → *Haltung* aller, die Kundenzufriedenheit zu steigern, indem Verbesserungen in kleinen Schritten kontinuierlich und nicht in großen gelegentlichen Sprüngen erfolgen.

Was kann ich damit machen?

Vor allem können Sie Organisationskultur und Qualitätsmanagement hin zu evolutionären Grundprinzipien verändern.

Wie gehe ich konkret vor?

- Probleme analysieren (Ursachen, Auswirkungen, Zusammenhänge)
- Kleine abgegrenzte Probleme aufgrund der Analysen benennen
- Lösungsmöglichkeiten sammeln, bewerten, entscheiden
- Maßnahmen planen und vereinbaren
- Maßnahmen umsetzen
- Wirkung überprüfen

Diese Abfolge ist eher unspektakulär.

Aber: Diese Abfolge muss zur Routine werden, damit sie vor allem bei „Kleinigkeiten" ständig und selbstverständlich angewendet wird. Kaizen ist eine Frage der Haltung, nicht der Techniken (die es dazu auch zuhauf gibt). Bei dieser kleinschrittigen Arbeit sollen Kostensenkung, Qualitätsverbesserung und Effizienz im Fokus stehen, da diese für die Kundenzufriedenheit maßgeblich sind.

Was ist gut?

Verbesserung zur Aufgabe aller zu machen und weniger Wert auf einzelne Techniken als auf die Haltung zu legen, macht Kaizen zu einer sehr tiefgreifenden und fortdauernden Angelegenheit.

Was ist schlecht?

Innerhalb des Konzepts kann die Konzentration auf kleine Schritte („Innovatiönchen"[44]) den Blick auf große Innovationssprünge verbauen. Hinsichtlich der Anwendung wird – gerade in den westlichen Ländern – Kaizen häufig als reiner Werkzeugkoffer missverstanden, ebenso wird der strenge Kundenzufriedenheitsbezug oft übersehen.

Worin besteht eine Alternative?

Eine Alternative bietet die Kombination aus Kaizen und → *Innovationsmanagement*.

---

[44] Braun, M./Feige, A./Sommerlatte, T.: Business-Innovation: Quantensprünge statt »Innovatiönchen«. Ein Wegweiser zur zielgerichteten Geschäftserneuerung.

Best Practice und Benchmark

Was ist das?

Beides sind (häufig quantifizierte) Vergleichsmaßstäbe, die für das weitere Vorgehen einer Organisation herangezogen werden. Dabei ist

- *Best Practice* die Bezeichnung für ein Erfolg versprechendes, bewährtes und optimales Vorgehen und

- *Benchmark* die Bezeichnung für einen Vergleich von Produkten oder Prozessen der eigenen Organisation mit denen einer anderen Organisation.

Beim Best Practice vergleicht sich eine Organisation mit einem optimalen Vorgehen, beim Benchmark mit den Ergebnissen eines Nachbarns.

Was kann ich damit machen?

Die beiden wichtigsten Funktionen von Best Practice und Benchmark sind:

- Mithilfe von Vergleichen sollen Unterschiede zum eigenen Vorgehen herausgearbeitet werden, um daraufhin Maßnahmen zum Abbau dieser Unterschiede zu planen und umzusetzen.

- Die Vergleiche verleihen den daraus abgeleiteten Maßnahmen zusätzliche Legitimation („bei anderen geht das auch").

Wie gehe ich konkret vor?

- Suchen Sie Best Practice- oder Benchmarkpartner. Diese müssen nicht aus der Branche der Organisation stammen (Beispiel: für den Logistiker TNT war eine Zeitlang ein lokaler Pizzabringdienst Benchmarkpartner).

■ Sammeln Sie die erforderlichen Daten und werten Sie diese aus.

■ Setzen Sie daraufhin zukünftige Standards.

■ Planen Sie Maßnahmen, um diese Standards zu erreichen.

Was ist gut?

Mit Best Practice und Benchmark bestehen konkrete Vergleichspartner.

Worauf ist besonders zu achten?

Schwierig ist die Wahl der Vergleichspartner, denn welcher Konkurrent legt schon seine Zahlen offen? Zudem werden Vergleichspartner häufig zu lange als Maßstab beibehalten, ein regelmäßiger Wechsel ist methodisch sinnvoll (frischer Wind), jedoch mit Zusatzaufwand verbunden.

Das nächste Kapitel bitte

- Wo die Organisation genau steht, ist unklar.
- Prioritäten hinsichtlich der nächsten wichtigen Schritte müssen noch herausgebildet werden.
- Die Strategie der Organisation ist veraltet oder zu wenig bekannt.

Nehmen Sie sich jetzt Kapitel 2 „Richtung bestimmen" vor.

- Die Mitarbeiter wissen nicht, was sie zu welchem Zweck tun sollen.
- Mitarbeiter müssen jetzt eingesetzt und entwickelt werden.
- Mitarbeiter zu führen, ist die nächste anstehende Aufgabe.

Nehmen Sie sich jetzt Kapitel 4 „Menschen führen" vor.

- Wissen zu generieren und zu koordinieren, steht jetzt an.
- Gerade jetzt sind neue Ideen für die Organisation wichtig.
- Es kommt jetzt darauf an, Ideen auch umzusetzen.

Nehmen Sie sich jetzt Kapitel 5 „Erneuerungen ausarbeiten" vor.

- Die anstehende Veränderung auch wirklich anzugehen, ist das Gebot der Stunde.
- Neue Strukturen und neue Kulturen Hand in Hand zu verändern – das wäre jetzt gut.
- Es steht an, dieses System „Organisation" zu begreifen und zu steuern.

Nehmen Sie sich jetzt das Kapitel 6 „Change vorantreiben" vor.

Menschen führen

4

Personalplanung

Was ist das?

Personalplanung ist die Bestimmung des Bedarfs an Mitarbeitern – ausgerichtet an der Strategie der Organisation.

Was kann ich damit machen?

Die Personalplanung dient dazu, den kurz- und langfristigen Bedarf an Mitarbeitern planen und so Maßnahmen wie Personalbeschaffung, -abbau, -entwicklung und -einsatz steuern zu können.

Wie gehe ich konkret vor?

- Beschaffen Sie sich aus der → *Strategie* die relevanten Daten und Aussagen zu Nachfrage- und Wettbewerbssituation, Produktions-, Absatz-, Investitions-, Finanzplanung.

- Holen Sie von den jeweiligen Personalverantwortlichen in der Organisation den Bedarf an Mitarbeitern ein (Quantität und Qualifikation [→ *Kompetenz*]).

- Sorgen Sie dafür, dass dieser Bedarf nachvollziehbar und fundiert ermittelt wird.

- Gleichen Sie die Personalbedarfszahlen mit der Strategie ab. Beachten Sie dabei vor allem die mittelfristigen Ziele.

- Stimmen Sie mit den Personalverantwortlichen folgende Maßnahmen unter Beachtung von Anzahl und Qualifikation ab:

  - Personalbeschaffungsplanung: Wie viele Mitarbeiter müssen auf dem internen und externen Arbeitsmarkt beschafft werden?

- – Personaleinsatzplanung: Welche Mitarbeiter werden zu welchem Zeitpunkt welchen Stellen zugeordnet?

- – Personalabbauplanung: Welche Mitarbeiter verlieren den Arbeitsplatz? Wie soll der Abbau gestaltet werden?

- – → *Personalentwicklungsplanung:* Bei welchen Mitarbeitern sollen welche Qualifikationen durch welche Maßnahmen entwickelt werden?

- ■ Ermitteln Sie abschließend die Kosten dieser Maßnahmen.

Was ist gut?

Eine mit der Strategie verknüpfte Personalplanung kann den mittel- und langfristigen Personalbedarf besser steuern und Maßnahmen besser begründen.

Stellenbeschreibung

Was ist das?

Stellenbeschreibung ist die Darlegung, welche Aufgaben, Befugnisse und Pflichten auf einer Stelle anfallen.

Was steckt genau dahinter?

Eine Stelle ist die kleinste Einheit innerhalb der → *Struktur* einer Organisation. Die Beschreibung dient dazu, die Inhalte der Tätigkeit und die Einbindung in die Struktur zu klären, um so die Zuweisung von Aufgaben, Ressourcen und Verantwortlichkeiten sowie die Handhabung von Schnittstellen zu erleichtern.

Wie gehe ich konkret vor?

- Analysieren Sie die Haupttätigkeiten, die an einer Stelle erledigt werden sollen.

- Bestimmen Sie, welchen Anteil welche Haupttätigkeit haben soll.

- Bestimmen Sie, welche Qualifikationen (→ *Kompetenz*) für jede der Haupttätigkeiten benötigt werden.

Ergebnis dieser drei Schritte ist eine Tätigkeitsbeschreibung, die der operativen Führung dient.

- Bestimmen Sie, welche Weisungen von der Stelle aus gegeben werden dürfen, welche Informationen (Berichte) an diese Stelle gehen und von dieser Stelle weggehen (organisatorische Einbindung).

■ Bestimmen Sie, über welche Ressourcen und Prozesse an dieser Stelle entschieden werden darf (z. B. Budget, Personal, Abläufe).

Ergebnis aller fünf Schritte ist eine Stellenbeschreibung. Sie dient der Steuerung der Aufbauorganisation.

Darüber hinaus können Sie aufgrund der Stellenbeschreibung die Stellen bewerten und eingruppieren, um so → *Vergütungsgrundsätze* zu beschreiben.

Was ist gut?

Strukturierte Stellenbeschreibungen machen eine operative und organisatorische Steuerung erst möglich.

Was ist schlecht?

In vielen Organisationen werden konkrete Stellenbeschreibungen vermieden, weil befürchtet wird, die Stelleninhaber könnten sich darauf berufen und damit wenig flexibel einsetzbar sein. Der Umgang mit Stellenbeschreibungen ist daher auch immer eine Frage des Verständnisses von → *Führung* und der → *Haltung* des Mitarbeiters.

Personalentwicklung

Was ist das?

Personalentwicklung ist „die Gesamtheit aller Systeme, Programme und Methoden, um die Mitarbeiter aller Hierarchiestufen für gegenwärtige und zukünftige Anforderungen zu qualifizieren."[45]

Was kann ich damit machen?

Mithilfe der Personalentwicklung lassen sich Defizite zwischen dem derzeitigen Leistungsstand und den derzeitigen Anforderungen am Arbeitsplatz verringern und/oder Defizite zwischen zukünftigem Leistungsstand („Potenzial") sowie zukünftigen Anforderungen am Arbeitsplatz vorbeugen.

Wie gehe ich konkret vor?

- Holen Sie sich aus der Personalplanung die Daten, die Auskunft über die gegenwärtige/zukünftige Quantität und Qualifikation (→ *Kompetenz*) der benötigten Mitarbeiter geben.
- Wählen Sie Maßnahmen aus den folgenden drei Kategorien:

on-the-job	near-by-the-job	off-the-job
■ Unterweisung am Arbeitsplatz ■ Einsatz als Assistent und Stellvertreter ■ Gruppenautonomie	■ Qualitätszirkel ■ Mentoring, Coaching ■ Projektgruppenarbeit ■ Ausbildungswerkstatt	■ Seminare, Schulungen ■ Tagungen, Workshops ■ Verhaltenstraining, Rollenspiel

---

[45] Schwarz, A.: Grundlagen der betrieblichen Personalentwicklung – Eine Einführung, S. 159.

Personalentwicklung

- Planen Sie die Maßnahmen – bestimmen Sie die Ziele jeder Maßnahme und bereiten Sie schon jetzt die Möglichkeit einer → *Evaluation* vor.

- Stimmen Sie dieses Paket mit dem Mitarbeiter und seinem Umfeld ab.

Was ist gut?

Eine an die Personalplanung anknüpfende und Evaluation ermöglichende Personalentwicklung unterstützt die Strategie der Organisation.

2-Stufen-Prozess

Was ist das?

Dieser Prozess ist ein schrittweises experimentierendes Vorgehen bei der → *Personalentwicklung*, bei dem ausschließlich on-the-job-Maßnahmen angewendet werden.

Woher kommt das?

Diese Methode entwickelte sich aus dem Ansatz des → *Situativen Führens*.

Wie gehe ich konkret vor?

Zunächst geben Sie einem Mitarbeiter ein abgegrenztes Aufgabenpaket, das dessen → *Reifegrad* entspricht. Bei guter Durchführung geben Sie ihm Feedback und Anerkennung, bei schlechter Durchführung erfolgt die Bemängelung.

Anschließend geben Sie ihm ein Aufgabenpaket, das

- eine um einen Grad höhere Reife verlangt, wenn das anfängliche Aufgabenpaket gut durchgeführt worden ist;

- eine um einen Grad niedrigere Aufgabe, wenn das anfängliche Aufgabenpaket schlecht durchgeführt worden ist.

Beispiel:

Einem Mitarbeiter wird eine Aufgabe gegeben, für die der Führungsstil S2 (strukturieren + trainieren) angemessen ist. Der Mitarbeiter erledigt diese Aufgabe gut und erhält anschließend eine Aufgabe, an deren Ausgestaltung er mit beteiligt wird (S3). An dieser Aufgabe scheitert er und erhält deshalb danach wiederum eine Aufgabe gemäß S2 usw.

Was ist schlecht?

Die Wahrnehmung der Führungskraft wird zum Maß aller Dinge. Ausschließlich gemäß ihrer subjektiven Einschätzung erfolgt ohne Rücksprache mit dem Mitarbeiter dessen Entwicklung.

Worin besteht eine Alternative?

Alternativen sind neuere Führungsansätze wie die → *mikropolitische Führung,* die → *transaktionale Führung* oder die → *transformationale Führung.*

Taxonomie

Was ist das?

Taxonomie ist eine Systematik zur (Ein-)Ordnung von (Lern-)Zielen.

Woher kommt das?

Benjamin Bloom gilt zurecht als der Erfinder der Taxonomie. Auf ihn geht die Systematisierung von Lernzielen zurück.

Was kann ich damit machen?

Sie können Ziele von Mitarbeiterentwicklung, zum Beispiel nach dem → *2-Stufen-Prozess* wie auch von → *Personalentwicklungsmaßnahmen* strukturieren und priorisieren. Eine gründliche Taxonomie ist auch Basis für die → *Evaluation.*

Wie gehe ich konkret vor?

- Formulieren Sie zunächst grob, was mit einer Maßnahme auf
  - kognitiver Ebene (wo es um Wissen und Verstehen geht) und
  - auf affektiver Ebene (wo es um Emotionen und Werte geht) erreicht werden soll.
- Differenzieren Sie mithilfe der folgenden Tabelle, worin kognitive und affektive Ziele genau bestehen sollen.
- Spezifizieren Sie für jedes Ziel konkrete Schritte und Maßnahmen, die das jeweilige Ziel genau erfüllen können.
- Bringen Sie die verschiedenen Ziele in eine Reihenfolge.

	Ziel	Beispiel
kognitiv	Wissen: Wissen von konkreten Einzelheiten	Wissen um die Projektmanagementtechniken
	Verstehen: Interpretieren	Bedeutung der Projektmanagementtechniken für den Projekterfolg erkennen
	Synthese: Entwerfen eines Plans für bestimmte Handlungen	Roadmap für ein Projekt erstellen
	Evaluation: Urteilen aufgrund innerer Evidenz	folgerichtigen Aufbau eines Projektplans („Design") bewerten
affektiv	Aufmerksamkeit: Bewusstheit	bewusst werden, dass die Wahl der Projektmanagementinstrumente Einfluss auf den Projekterfolg hat
	Handeln: Bereitschaft zum Reagieren	sich mit den Auswirkungen der Instrumente auf Mitarbeiterengagement beschäftigen
	Werten: Annahme eines Wertes	„Partizipation" als wichtiges Prinzip anerkennen
	Wertordnung: Organisation eines Wertsystems	Projektabläufe („Curricula") am Maßstab der Beteiligung messen

In der Tabelle sind in der Beispielspalte konkrete inhaltliche Ziele einer Personalentwicklungsmaßnahme im Themenfeld „Projektmanagement" angegeben. Mit einer solchen Konkretisierung machen Sie sich und anderen deutlicher, was Sie mit dieser Maßnahme bezwecken.

Führungsverständnis

Was ist das?

Führungsverständnis ist die persönliche Auffassung über „Führung", meistens kombiniert mit der (bewussten oder unbewussten) Bezugnahme auf einen → *Führungsansatz.*

Was kann ich damit machen?

Sie können Ihr eigenes Führungsverständnis und -verhalten verstehen und – wenn gewollt – verändern.

Wie gehe ich konkret vor?

Reflektieren Sie Ihr Führungsverständnis, indem Sie die folgenden vier Aussagen zweifach einschätzen: Nach Ihrer eigenen guten/ schlechten Praxis und nach Ihrem eigenen Verständnis, wie Führung sein sollte.

„Als Führungskraft ist es meine Aufgabe …

… die Mitarbeiter bei ihrer Aufgabenerledigung zu beobachten und aufgrund meiner Beobachtungen Musterdeutungen zu entwickeln. Diese **Deutungen** sind Basis meines Führungshandelns."	… die wechselseitigen Einflüsse zwischen Mitarbeitern, mir als Führungskraft, der Gruppe und der Organisation zu verstehen. Innerhalb dieser **Einflüsse** spielt sich mein Führungshandeln ab."
… den Mitarbeitern durch Lob, Tadel, Belohnungen oder Bestrafungen immer wieder Rückmeldung über ihre Arbeit zu geben. Dieses **Feedback** ist Kern meines Führungshandelns."	… die immer neue Konstellation von Mitarbeitern, mir als Führungskraft und anstehender Aufgabe zu verstehen und zu gestalten. Die **Situation** ist Rahmen meines Führungshandelns."

Führungsverständnis

Tragen Sie Beispiele Ihrer Einschätzungen in ein Raster ein:

	Praxis: So handele ich.	Verständnis: Das halte ich für richtig.
Deutungen		
Einflüsse		
Feedback		
Situation		

Was ist gut?

Aus den Differenzen zwischen Praxis und Verständnis können Sie Handlungsfelder für Ihre eigene Führungsentwicklung ablesen.

Führungsansatz

Was ist das?

Der Führungsansatz ist die Beschreibung der Art und Weise, wie eine Führungskraft die Mitarbeiterführung gestaltet.

Was kann ich damit machen?

Sie können sich Ihr praktiziertes Raster, an dem Sie Ihr Führungsverhalten orientieren, vergegenwärtigen. Dieses Raster können Sie verändern oder austauschen.

Was steckt dahinter?

Die Chronologie von ein-, zwei- und dreidimensionalen Ansätzen der Führung sowie neueren Führungsansätzen:

- *Eindimensionale Führung*
  Führung bewegt sich auf einem Kontinuum zwischen den Polen „autoritär" und „demokratisch"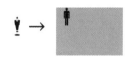

- *Zweidimensionale Führung*
  Führung bewegt sich in einem Raster aus Aufgaben- und Mitarbeiterorientierung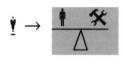

- *Dreidimensionale Führung*
  Führung bewegt sich in einem Feld aus Aufgaben- und Mitarbeiterorientierung sowie dem Reifegrad des Mitarbeiters für die anstehende Aufgabe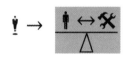

Führungsansatz

Neuere Führungsansätze gehen von komplexen → *Führungssituationen* ohne allgemeintaugliche Felder oder Raster aus. Komplexität ist dabei keine vorübergehende Undurchsichtigkeit, sondern Merkmal der Situation aufgrund aufeinander einwirkender Anliegen, Interessen und Motive der Beteiligten. Solche neueren Führungsansätze sind:

- → *mikropolitische Führung*

- → *systemische Führung*

- → *transformationale Führung*

Was ist gut?

Die „alten" Führungsansätze haben weiterhin ihre Berechtigung, vor allem in überschaubaren stabilen Situationen. Deshalb sollten sich Führungskräfte auch damit beschäftigen.

Was ist schlecht?

Viele der Ansätze sind Übertragungen aus Erkenntnissen der Naturwissenschaften – ohne dass die Übertragbarkeit gesondert geprüft oder diskutiert wurde.

Leadership

Was ist das?

Leadership ist ein Führungsverständnis, nach dem es bei der Führung von Mitarbeitern vor allem auf ein klares Selbstbild sowie klare Rollen der Führungskraft ankommt.

Was kann ich damit machen?

Sie können sich damit selbst führen, indem Sie Ihr eigenes Führungshandeln vor dem Hintergrund der Annahme von Rollen reflektieren.

Wie gehe ich konkret vor?

Machen Sie für sich fest, welche Rolle Sie bei einer nächsten Aktion einnehmen wollen – und im Rückblick, welche Rollen Sie de facto eingenommen haben. Aus der Differenz ergibt sich Ihr eigenes Entwicklungspotenzial: Als Erfüllen oder als Anpassung der gewollten Rolle.

Die vier Rollen sind:

- *Entwickler* einzelner Strukturen

- *Anstifter* einzelner Kulturen

- *Vorbild* für die gesamte Kultur

- *Ermöglicher* für die gesamte Struktur

Die folgende Tabelle zeigt Beispiele für die Rollen in der Mitarbeiterführung.

Einzelne	
Führungskraft = Entwickler	**Führungskraft = Anstifter**
Maßnahmen zur Förderung des Mitarbeiters beschreiben und unterstützen	Ziele des Mitarbeiters persönlich unterstützen
Führungskraft = Ermöglicher	**Führungskraft = Vorbild**
Aufgabenbeschreibungen und Arbeitskontext aufeinander abstimmen	Die Zusammenarbeit fördernde und hemmende Annahmen identifizieren und zur Sprache bringen
Gesamtheit	

(Linke Randbeschriftung: Struktur; rechte Randbeschriftung: Kultur)

Was ist gut?

Die Vielfältigkeit Ihrer möglichen Wirkung auf Mitarbeiter (oder auch auf Prozesse, Finanzen usw.) wird systematisiert und so für eine zielgerichtete Bearbeitung aufbereitet.

Charismatisch

Was ist das?

Charismatisch ist ein Führungsverständnis, nach dem Führung vor allem durch die Persönlichkeit der Führungskraft erfolgt.

Woher kommt das?

Aus Untersuchungen zum Führungsverhalten von US-Präsidenten entwickelte James Burns dieses Verständnis von Führung.

Was steckt dahinter?

Nach dem Verständnis charismatischer Führung sind die meisten Organisationen „over-managed" und „under-led", das heißt, es fehlt ihnen an echter Führung durch Personen (und nicht an Managementstrukturen und -programmen).

Führung ist hauptsächlich an die Eigenschaften der Person der Führungskraft gebunden. Deren Verhalten wird als Vorbild von den Mitarbeitern wahrgenommen und führt zu entsprechenden Verhaltensweisen. Charismatische Führung beruht auf den Mechanismen Vertrauen, Loyalität, Akzeptanz (bis zum Gehorsam) oder Nacheifern der Werte. Allein das Charisma einer Person ist somit für „echte" Führung maßgeblich.

Was ist gut?

Die Person der Führungskraft rückt als wichtiger Faktor in den Vordergrund, sachlich-technokratische Führungs- und Organisationsverständnisse werden so ergänzt.

Was ist schlecht?

Die Organisation macht sich vom „great man", dem alle folgen, abhängig ohne ihn kritisch hinterfragen und Alternativen ausprobieren zu können. Zudem ist fraglich, inwieweit eine solch vorbildhafte Führungspersönlichkeit nicht eine medial vermittelte ist, die häufig erst im Nachhinein als solche betrachtet wird (Verklärung).

Worin besteht eine Alternative?

Die → transformationale Führung erweitert das Verständnis charismatischer Führung um weitere Anforderungen an die Führungskraft.

Transaktional und transformational

Was ist das?

Transaktionale Führung ist ein → *Führungsansatz*, der auf dem Marktprinzip als rational begründetem Tausch beruht.

Transformationale Führung ist ein Führungsansatz, bei dem das Verhalten der Führungskraft den Geführten verändert („transformiert").

Was steckt dahinter?

Hinter transaktionaler Führung verbirgt sich das Verständnis, Führung als Tauschbeziehung zwischen Mitarbeiter (Erfüllung eines Arbeitsauftrags) und Führungskraft (z. B. Lob, Prämie, Handlungsspielraum) anzunehmen.

Transformationale Führung bezeichnet das Verständnis, dass die Führungskraft durch Handlungen auf vier Feldern Vorbildverhalten zeigt:[46]

- hohe moralische Standards setzen, den Blick auf Mission oder Vision der Organisation stärken *(idealized influence)*

- das Interesse stimulieren, ihre Arbeit aus neuen Perspektiven zu sehen *(intellectual stimulation)*

- Fähigkeiten und Potenziale auf höheren Niveaustufen entwickeln *(individualized consideration)*

- motivieren, über eigene Interessen hinaus zum Wohl der Gruppe beizutragen *(inspirational motivation)*

---

[46] Nach: Bass, B. M./Avolio, B. J.: Transformational Leadership and Organizational Culture, S. 541–554.

Was kann ich damit machen?

Die beiden Führungsansätze werden häufig als Gegensätze behandelt. In Kombination – fairer Tauschpartner und sinnstiftendes Vorbild – sind die Führungsansätze wesentlich effektiver, weil sie auf die Motivlage (→ *Motivation*) der Mitarbeiter umfassender eingehen.

Worauf ist besonders zu achten?

Vielfach sind die Möglichkeiten des Tauschhandels begrenzt: Beim materiellen Tausch sind es beispielsweise durch die Organisation festgelegte → *Vergütungsprinzipien*, beim immateriellen Tausch durch Qualitätsmanagement oder andere Regelungen eingeschränkte Handlungsspielräume.

Zudem ist das Vorbildverhalten zu einem großen Teil nicht erlernbar, weil erlerntes Vorbild sehr schnell aufgesetzt wirken kann.

Mikropolitisch

Was ist das?

Mikropolitisch bezeichnet ein Bündel von Ansätzen, bei denen die Frage nach dem Zusammenspiel von Interessen, → *Macht* und Spielen im Vordergrund steht.

Was steckt dahinter?

Organisationen werden als politische Systeme betrachtet, in denen die interessengeleiteten Handlungen Einzelner aufeinanderstoßen. Die strategischen Akteure gehen Koalitionen ein, um die eigene Macht und den eigenen Handlungsspielraum zu erweitern.

Wie gehe ich konkret vor?

Das Repertoire mikropolitischer Instrumente ist reichhaltig:

- Informationen kontrollieren
- Beziehungen pflegen
- genehme Handlungen aufwerten
- Handlungsdruck erzeugen

Dabei ist zu beachten, alle Mitspieler als machtorientierte Strategen im Blick zu haben, die → *Regeln* durch ihre Praktizierung ständig mitgestalten und verändern.

Was ist gut?

Mikropolitische Ansätze nehmen die Kategorie „Macht" mit auf – jedoch nicht als klar geordnete Macht, sondern als immer wieder überraschendes Ergebnis von sich wandelnden Machtkonstellationen. Mikropolitische Ansätze geben somit eine Antwort auf komplexe Herausforderungen.

Was kann ich damit machen?

Sie können Ihr Führungsverständnis in „Unordnung" bringen. Mikropolitisch geht es bei Führung darum, „Steuerungslücken, unerwartete Situationen, Anpassungsschwierigkeiten und Interessenkonflikte produktiv zu bewältigen."[47]

Worauf ist besonders zu achten?

Ein Risiko ist das immer noch verbreitete Missverständnis, Mikropolitik sei nichts als „schmutzige" Machttaktik.

---

[47] Neuberger, O.: Führen und führen lassen, S. 729.

Systemisch

Was ist das?

Systemisch ist eine Herangehensweise, die Organisationen als autopoietische Systeme betrachtet.

Woher kommt das?

Die von Humberto Maturana eingeführten Unterscheidungen zwischen lebenden und nicht-lebenden Systemen führten zum Begriff der „Autopoiesis", dem Wesenskern systemischer Ansätze.

Was steckt dahinter?

Autopoietische Systeme erzeugen sich selbst.[48] Solche Systeme beziehen keine Informationen, jedoch Energie aus ihrer Umwelt („operationale Geschlossenheit"). Steuernde Eingriffe in Systeme („instruieren") sind somit nicht möglich, sondern lediglich Interventionen, die das System anstoßen („perturbieren"). Über die Richtung, in die sich das System nach einer Intervention entwickelt, hat der Intervenierer keinen Einfluss.

Was kann ich damit machen?

Sie können eine Position zu dem systemischen Ansatz entwickeln: Ob und in welchen Fällen Sie nicht steuern können, weil das System, das Sie beeinflussen möchten, in sich geschlossen ist. Dann bleiben Ihnen Methoden wie zirkuläres Fragen („Was

---

[48] Zur Unterscheidung Selbsterzeugung/Selbstorganisation: s. dort.

würde jemand anderes dazu sagen?") oder paradoxe Interventionen („Was würde passieren, wenn sich alle Kunden abwenden?").

Was ist schlecht?

Die Übertragbarkeit naturwissenschaftlicher Phänomene auf soziale Systeme ist fraglich, sobald die Analogieebene überschritten wird und Naturwissenschaftserkenntnisse als Begründungsmuster für Sozialwissenschaften verwendet werden.

Worin besteht eine Alternative?

Eine Alternative bietet die systemtheoretische Betrachtung eines Systems als System, bei dem unter anderem die Interessen aller handelnden Personen als Faktoren von Einfluss und → *Macht* einfließen (→ *mikropolitisch*). Diese Betrachtung „hat weit mehr Freiheitsgrade im Einsatz der Methoden als eine systemische Beratung."[49]

---

[49] Groth, T./Wimmer, R.: Konstruktivismus in der Praxis, S. 242.

Situatives Führen

Was ist das?

Situatives Führen ist eine Systematik, mit der eine Führungskraft bestimmen kann, wie sie ihren Mitarbeiter bei der Bearbeitung einer Aufgabe führt. Dieses „Wie" hängt davon ab, wie reif dieser Mitarbeiter für die Aufgabe ist. Dessen Reifegrad ergibt sich aus Fähigkeit und Fertigkeit sowie Motivation (dem Kennen und Können beziehungsweise Wollen; → Kompetenz) hinsichtlich der anstehenden Aufgabe.

Die folgenden vier situativen Führungsmöglichkeiten S1 bis S4 stehen einer Führungskraft zur Verfügung.

Personenorientierung	hoch	**S3:** Beraten ■ beteiligen und unterstützen ■ Ideen des Mitarbeiters integrieren ■ gemeinsam das Vorgehen besprechen ■ für gute Rahmenbedingungen sorgen	**S2:** Überzeugen ■ strukturieren und trainieren ■ Sinn und Zweck der Aufgabe besprechen ■ Schritte und Methoden festlegen und durchgehen ■ Teilaufgaben begleiten
	niedrig	**S4:** Delegieren Autonomie und Spielraum ■ Mitarbeiter selbständig agieren lassen ■ als Ansprechpartner zur Verfügung stehen	**S1:** Anweisen anordnen und überwachen ■ detaillierte Checklisten ■ Schritt-für-Schritt-Beschreibungen ■ eng getaktete Kontrollen
		niedrig	hoch
		Aufgabenorientierung	

Woher kommt das?

Der Ansatz wurde von Paul Hersey und Kenneth Blanchard Ende der 1970er Jahre entwickelt und ist einer der am meisten verbreiteten → *Führungsansätze.*

Was kann ich damit machen?

In konkreten Situationen können Sie einem Mitarbeiter die anstehende Aufgabe in ihm angemessener Form geben und den eigenen Führungsstil darauf immer wieder neu ausrichten.

Wie gehe ich konkret vor?

■ Schätzen Sie den Mitarbeiter für die Aufgabe ein:

- Wie groß ist sein Wissen:
  hoch – mittel – gering

- Wie groß ist seine Erfahrung:
  hoch – mittel – gering

- Wie gut beherrscht er die erforderlichen Instrumente:
  gut – mittel – schlecht

- Wie geht er mit Schwierigkeiten eher um:
  hält durch – mittel – gibt auf

- Wie geht er die Aufgabe an:
  gern – mittel – ungern

- Wie verlässlich geht er mit der Aufgabe um:
  sehr – mittel – kaum

- Bestimmen Sie den Reifegrad des Mitarbeiters für die Aufgabe:

  - 3 Punkte für jede „hoch"-Antwort, 2 Punkte für jede „mittel"-Antwort, 1 Punkt für jede „gering"-Antwort

  - Addition der Ergebnisse für die ersten drei Fragen > K-Wert

  - Addition der Ergebnisse der letzten drei Fragen > W-Wert

  - Ermitteln Sie den Reifegrad mithilfe der Matrix:

		K		
		3 – 4	5 – 7	8 – 9
	8 – 9	R2	R3	R4
W	5 – 7	R1	R2	R3
	3 – 4	R1	R1	R2

- Richten Sie Ihren Führungsstil bei diesem Mitarbeiter für diese Aufgabe danach aus:

  - Mitarbeiter: R1 –> S1-Stil (anweisen)

  - Mitarbeiter: R2 –> S2-Stil (überzeugen)

  - Mitarbeiter: R3 –> S3-Stil (beraten)

  - Mitarbeiter: R4 –> S4-Stil (delegieren)

Beispiel:

Ein Mitarbeiter soll eine anstehende Verhandlungsrunde mit Lieferanten vorbereiten. Seine Führungskraft vermutet bei ihm hohes Wissen, geringe Erfahrung und gute Methodenkenntnisse, gutes Durchhalten, eine starke Nähe zur Aufgabe und hohe Verlässlichkeit.

Situatives Führen

Bei meinem Mitarbeiter Karl Meier vermute ich

für die Aufgabe Vorbereitung Lieferantenverhandlung

3	2	1	
~~hohes~~	mittleres	geringes	Wissen
hohe	mittlere	~~geringe~~	Erfahrung
~~gutes~~	mittleres	schlechtes	Beherrschen der Instrumente
Summe der drei Werte: K = 7			
3	2	1	
~~hohes~~	mittleres	geringes	Durchhalten
~~große~~	mittlere	geringe	Nähe zur Aufgabe
~~hohe~~	mittlere	geringe	Verlässlichkeit
Summe der drei Werte: W = 9			

Aus K- und W-Wert ergibt sich mithilfe der Matrix der Reifegrad dieses Mitarbeiters für diese Aufgabe:

		K		
		3 – 4	5 – 7	8 – 9
W	8 – 9	R2	~~R3~~	R4
	5 – 7	R1	R2	R3
	3 – 4	R1	R1	R2

Aus dem Reifegrad des Mitarbeiters bei dieser Aufgabe …	R1	R2	R3	R4
	↓	↓	↓	↓
… ergibt sich der Führungsstil	S1 anweisen	S2 über- zeugen	S3 ~~beraten~~	S4 delegieren

Mit den folgenden Aktionen lässt sich dieser Führungsstil in die Praxis umsetzen:

1. Vergangene Verhandlungsprotokolle aus Einkaufsabteilung sichten

2. Mentor zur Seite stellen

Was ist gut?

Die Führungskraft reagiert nicht passiv auf den Reifegrad des Mitarbeiters, sondern wirkt aktiv an dessen Entwicklung und Förderung im Rahmen des → *2-Stufen-Prozesses* mit.

Der Reifegrad des Mitarbeiters ist immer eine Vermutung durch die Führungskraft. Ob diese Vermutung auch zutrifft, zeigt sich an der Wirksamkeit des entsprechenden Führungsstils S1 bis S4 in der Praxis. So kann die Führungskraft sich mithilfe des situativen Führens selbst beobachten und ihr eigenes Führen verbessern.

Was ist schlecht?

Das letzte Argument sticht nur, wenn über einen längeren Zeitraum ähnliche Aufgaben anstehen (stabiles Umfeld), weil die Annäherung des Führungsstils an den wirklichen Reifegrad des Mitarbeiters erst dann beobachtet werden kann.

Die Aufgabe führt, nicht die Führung: Die Führungskraft reagiert mechanisch, ihre Interessen treten in den Hintergrund. Die Positionsmacht der Führungskraft verblasst.

Situatives Führen vereinfacht stark: So spielt die Qualität der Beziehung zwischen Führungskraft und Mitarbeiter (→ *Vertrauen*) keine Rolle.

Situatives Führen

Der Nachweis, dass mit situativem Führen effektiver geführt wird, konnte bislang empirisch nicht erbracht werden.

Worauf ist besonders zu achten?

Die Führungskraft differenziert nach einigen Anwendungen nicht mehr nach dem Reifegrad des Mitarbeiters zu den einzelnen Aufgaben, sondern stempelt den Mitarbeiter beispielsweise als „immer R2" ab.

Ambidexterity

Was ist das?

Ambidexterity ist der englische Begriff für „Beidhändigkeit". Dieser Ansatz der Führungsforschung geht davon aus, dass bessere Innovationsergebnisse erzielt werden, wenn eine Führungskraft sowohl schließende als auch öffnende Führungsstile anwendet.

Woher kommt das?

Seit etwa zehn Jahren beschäftigen sich viele Organisationsforscher mit dem Konzept der „Beidhändigkeit". Es geht ursprünglich auf Robert Duncan zurück. Bekannt wurde es jedoch durch einen Aufsatz von James March 1991.

Was kann ich damit machen?

Mit diesem Ansatz können Sie Ihr eigenes Führungshandeln reflektieren und Ihre Handlungsmöglichkeiten erweitern und variieren.

Wie gehe ich konkret vor?

Kombinieren Sie schließende und öffnende Strategien.

Schließende Strategien fokussieren und standardisieren. Werden sie zu häufig angewendet, halten sich andere (und auch Sie) zu stark zurück. Öffnende Strategien regen an und fördern Vielfalt. Werden sie zu häufig angewendet, entsteht Konfusion und Unübersichtlichkeit.

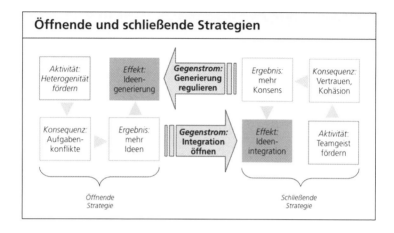

Beispiel:

Verknüpfen Sie die Aufforderung zu neuen Produktideen mit Einschränkungen, wie zum Beispiel einer Frist oder verkünden Sie Prozessstandards gemeinsam mit dem Appell zu Verbesserungen eben dieser Prozesse.

Inszenierungsmuster

Was ist das?

Inszenierungsmuster sind erprobte Vorgehensweisen für das Design von spannenden Ereignissen.

Woher kommt das?

Der Fernsehmacher Christian Mikunda strukturierte die vielen Möglichkeiten der Spannungserzeugung zu den Inszenierungsmustern. Diese dienen seitdem auch für Konzepte zu Marketing, Kampagnen oder Veranstaltungen.

Was kann ich damit machen?

Mit den Inszenierungsmustern können Sie nicht nur Veranstaltungen, sondern auch Veränderungen oder Programmen eine Dramaturgie geben und sie so attraktiver machen.

Wie gehe ich konkret vor?

Reichern Sie Ihren nächsten „Auftritt" an:

- Menschen haben bestimmte Erwartungen und Drehbücher im Kopf. Diese Erwartungshaltungen sollten Sie zufriedenstellen. Menschen fühlen sich dadurch eingeweiht (Brain Script).

- Menschen reagieren auf bestimmte Signale und folgern daraus auf ein Image. Überlegen Sie sich, welches Image Sie aufbauen wollen und mit welchen Merkmalen Sie es erreichen. Menschen fühlen sich dadurch vertraut (Inferential Beliefs).

■ Menschen mögen erkennbare Strukturen. Geben Sie ihnen räumliche Ordnung und Überschaubarkeit, damit sie sich zurechtfinden können. Menschen fühlen sich dadurch heimisch (Cognitive Maps).

■ Menschen schätzen einen zeitlichen Überblick. Teilen Sie anderen immer mit, wie lange Aktionen, Ereignisse oder Zeitspannen dauern. Menschen fühlen sich dadurch selbstbestimmt (Time Line).

■ Menschen lieben Vorfreude. Kündigen Sie daher Ereignisse entsprechend an und setzen Sie sie um. Menschen fühlen sich dann entspannt (Anticipation).

■ Menschen schätzen Systeme und Ordnung. Wenn etwas einmal verankert ist, sollten Sie es immer wieder auftauchen lassen. Menschen fühlen sich dadurch sicher und orientiert (Sentence Frames).

■ Menschen wollen nachdenken und gefordert werden. Geben Sie solche Rätsel, Andeutungen und Verweise, die von Ihrer Zielgruppe gelöst werden können. Menschen fühlen sich dadurch geschickt (Media Literacy).

Konflikt

Was ist das?

Ein Konflikt ist ein Zusammenstoß von unvereinbaren Motiven, Interessen oder Zielen.

Was steckt dahinter?

Unterschieden werden:

- intrapersonelle Konflikte, bei denen verschiedene Strebungen einer Person aufeinandertreffen

- interpersonelle Konflikte, bei denen zwei oder mehr Parteien im Widerstreit stehen

Was kann ich damit machen?

Vor allem bei interpersonellen Konflikten kann zum Konfliktmanagement das IRMA-Schema angewendet werden:

- **I**nteressen: Klären Sie, um welche Interessen und Ziele es bei dem Konflikt geht und worin genau das Gegensätzliche besteht.

- **R**echt: Klären Sie, welche der widerstreitenden Positionen das Recht auf seiner Seite hat. Recht kann hier sowohl als juristisches Recht als auch als moralisches Recht aufgefasst werden.

- **M**acht: Klären Sie, welche der Positionen welches Droh-, Risiko- oder Schreckenspotenzial hat und auf welcher Grundlage diese → *Macht* beruht.

Konflikt

- **A**bbruch: Klären Sie, wann eine Konfliktlösung als gescheitert erklärt werden soll und anhand welcher (auch für die andere Position sichtbaren) Kriterien dieser Punkt deutlich wird.

Dieses Schema können Sie als Konfliktpartei in interpersonellen Konflikten anwenden.

Auch bei intrapersonellen Konflikten ist dieses Schema gut zur Selbstreflexion geeignet. Ebenso kann IRMA ein Leitfaden sein, wenn Sie als Moderator einen Konflikt begleiten.

Wichtig: In der Reihenfolge I>R>M>A gibt es in der Regel kein Zurück mehr. Wer beispielsweise über die Frage von „Recht" denkt und redet, lässt sich nicht mehr auf Interessenabwägungen ein.

Was ist gut?

Mit diesem Schema können Sie Konflikte hinsichtlich ihres Stadiums analysieren und strukturiert angehen.

Team

Was ist das?

Ein Team ist eine Gruppe von Mitarbeitern, die gemeinsam eine Aufgabe mit hoher Vernetzung der Teilaufgaben wie auch der Teammitglieder bearbeiten, indem sie direkt (das heißt ohne Umweg über andere) interagieren.

Was kann ich damit machen?

Mit Teams können Sie die Aufgabendelegation vereinfachen, da sie komplette Arbeitspakete an das Team geben. Dieses übernimmt Steuerungs- und Koordinationsaufgaben, die ohne Teamarbeit Führungsaufgabe sind.

Wie gehe ich konkret vor?

- Bestimmen Sie ein Aufgabenbündel, das durch ein Team erledigt werden soll.

- Setzen Sie das Team zusammen. Achten Sie dabei darauf, dass das Team:

  - 3 bis 7 Mitglieder umfasst, deren persönliche Beziehungen unbelastet sind

  - zu allen Aufgabenbereichen → *Kompetenzen* besitzt, das heißt sowohl die Qualifikationen als auch die Befugnisse (insbesondere für die mittelfristigen Planungs- und Kontrollaufgaben sowie für die Gestaltung des Innen- und Außenverhältnissses)

  - in der Lage ist, sich selbst zu steuern (u. a. Projekt-, Moderationstechniken)

- Legen Sie die Arbeitsstruktur des Teams fest, indem Sie klären, zu welchen der folgenden Punkte das Team eine wie hohe Autonomie besitzt:
  - Arbeitsziel
  - Arbeitsinhalte
  - Teamführung
  - Teammitglieder
  - Aufgabenverteilung
  - Arbeitsprozess

- Klären Sie das Verhältnis zwischen Team und der direkten Führungskraft des Teams hinsichtlich der Zuständigkeiten zu Ressourcen, Kontakten und Zielen.

- Die Führung des Teams ist abhängig von → *Führungsverständnis* und → *Führungsansatz*.

Was ist gut?

Mit gut strukturierter und geführter Teamarbeit lassen sich sowohl die Arbeitsergebnisse als auch das Arbeitsklima verbessern. Daher ist Teamarbeit ein Instrument, um → *Strukturen* und → *Kultur* zu beeinflussen.

Was ist schlecht?

Häufig wird eine Gruppe von Mitarbeitern, die voneinander abgrenzbare und wenig miteinander vernetzte Aufgaben haben, zu einem Team erklärt – zumeist, damit die Führungskraft nicht mehr führen muss ...

Hoshin kanri

Was ist das?

Hoshin kanri ist eine Methode der Zielfindung, -gestaltung, -kommunikation und -umsetzung.

Woher kommt das?

Der Name verrät es schon, Hoshin kanri ist japanischer Herkunft. Yoji Akao entwickelte in den späten 1980er Jahren diese Methode zur Verbsserung der Qualitätssteuerung.

Was kann ich damit machen?

Mit Hoshin kanri lassen sich Ziele entwickeln und deren Umsetzung steuern. Die Methode basiert auf einem Kaskadierungs- und Rückkaskadierungsprozess („Catch-Ball"-Prinzip).

Wie gehe ich konkret vor?

- Entwickeln Sie → *Vision* und → *Strategie*.

- Kommunizieren Sie diese an die nächst untere Ebene, diese kommuniziert sie – operationalisiert – an die nächst untere Ebene usw. ... bis zur untersten Ebene.

- Von unten nach oben werden die Stellungnahmen (Ergänzungen, Korrekturen, Verstärkungen usw.) gesammelt, zusammengefasst und komprimiert und durch eigene Stellungnahmen ergänzt zur nächst höheren Ebene weitergegeben usw. bis nach oben.

- Wesentliches Element ist auf jeder Ebene die horizontale Abstimmung der eingegangenen Stellungnahmen aus der nächst unteren Ebene.

- Die Strategie wird nach und nach an die vertikalen und horizontalen Anforderungen angepasst und die Ziele werden – wie beim → *Management by Objectives* – abschließend für die einzelnen Ebenen top-down operationalisiert.

Was ist gut?

Die Ziele werden in einem gemeinsamen Prozess strukturiert entwickelt und horizontal abgestimmt, bevor sie zwecks Realisierung in die Organisation gegeben werden.

Worauf ist besonders zu achten?

Hoshin kanri erfordert einen hohen → *Reifegrad* hinsichtlich der Güte der → *Strategie*, der Kommunikationskultur und der Stringenz der → *Struktur* der *Organisation*. Ohne diese Voraussetzungen degeneriert Hoshin kanri schnell zu einem wirkungslosen Partizipationstheater.

Management by Objectives

Was ist das?

Management by Objectives (MbO) ist ein Konzept der Zieloperationalisierung und -kommunikation (auf deutsch: Führen mit Zielen).

Was steckt dahinter?

Das Konzept umfasst sechs Prinzipien:[50]

- *Prinzip der Zielorientiertheit*

  Die Zuordnung von Aufgaben erfolgt stets in Verbindung mit konkreten Zielen.

- *Prinzip des mehrstufigen Zielbildungsprozesses*

  Vorgegebene Ziele gehen aus den Organisationszielen hervor, die über Ober- und Unterziele zu operationalen Einzelzielen konkretisiert werden.

- *Prinzip der Delegation von Entscheidungsbefugnissen*

  Mit den Zielen wird der Entscheidungsspielraum delegiert. Maßnahmen zur Zielerreichung bleiben dem Mitarbeiter überlassen, für die er die Verantwortung übernimmt.

- *Prinzip der Partizipation*

  Mit Delegation und der Beteiligung an Zielbildung und -kontrolle sollen schöpferische Kräfte freigesetzt werden.

---

[50] Nach Hentze, J./Kammel, A./Lindert, K.: Personalführungslehre, S. 638–641.

- *Prinzip der Leistungsorientiertheit*

  Zielvorgaben setzen das Vorhandensein von Kriterien voraus, die zur Kontrolle und Bewertung der Zielerreichung herangezogen werden.

- *Prinzip der regelmäßigen Zielüberprüfung und -anpassung*

  Wegen der externen Einflüsse ist eine regelmäßige Zielüberprüfung und gegebenenfalls -anpassung erforderlich.

Was kann ich damit machen?

Mit MbO können Sie Führungs- und Handlungsverantwortung klar voneinander trennen.

Worauf ist besonders zu achten?

In der Praxis werden das vierte und sechste Prinzip (Partizipation bzw. Anpassung) häufig missachtet. Ziele werden so zu einseitigen Vorgaben ohne Korrekturmöglichkeit.

Worin besteht eine Alternative?

Eine Alternative ist → *Hoshin kanri*, das auch die Zielfindung mit umfasst.

Das nächste Kapitel bitte

- Wo die Organisation genau steht, ist unklar.

- Prioritäten hinsichtlich der nächsten wichtigen Schritte müssen noch herausgebildet werden.

- Die Strategie der Organisation ist veraltet oder zu wenig bekannt.

Nehmen Sie sich jetzt das Kapitel 2 „Richtung bestimmen" vor.

- Die genaue Auswertung von erbrachter Leistung fehlt bisher.

- Die nächste anstehende Aufgabe ist, die Organisation Schritt für Schritt besser werden zu lassen.

- Erfolge zu belohnen – materiell oder immateriell – ist ein wichtiger nächster Schritt.

Nehmen Sie sich jetzt das Kapitel 3 „Optimierungen umsetzen" vor.

- Wissen zu generieren und zu koordinieren, steht jetzt an.

- Gerade jetzt sind neue Ideen für die Organisation wichtig.

- Es kommt jetzt darauf an, Ideen auch umzusetzen.

Nehmen Sie sich jetzt das Kapitel 5 „Erneuerungen ausarbeiten" vor.

Das nächste Kapitel bitte

- Die anstehende Veränderung auch wirklich anzugehen, ist das Gebot der Stunde.

- Neue Strukturen und neue Kulturen Hand in Hand zu verändern – das wäre jetzt gut.

- Es steht an, dieses System „Organisation" zu begreifen und zu steuern.

Nehmen Sie sich jetzt das Kapitel 6 „Change vorantreiben" vor.

Erneuerungen ausarbeiten 5

DIKW

DIKW ist das Akronym für die Unterscheidung von Daten (**d**ata), Information (**i**nformation), Wissen (**k**nowledge) und Klugheit (**w**isdom).

Was kann ich damit machen?

Die vielen Aussagen, Angaben und Erläuterungen, die Sie tagtäglich erhalten, können Sie anhand der DIKW-Systematik analysieren und weiterentwickeln.

Wie gehe ich konkret vor?

Ordnen Sie eine Aussage, die Sie erhalten, einer der vier Ebenen zu:

- Daten: Sind es nachprüfbare Zahlen oder Fakten – und auch nicht mehr?

- Informationen: Sind es strukturierte, aufbereitete, miteinander in Zusammenhang gebrachte Daten?

- Wissen: Sind es koordinierte Informationen in einem benannten (Zweck-)Zusammenhang?

- Klugheit: Ist es beurteiltes Wissen – unter Bezug auf genannte → *Werte*?

Fragen Sie sich (oder Ihr Gegenüber) dann nach den verbleiben-
den vier Ebenen:

- Daten: Auf welchen empirischen Daten beruht Ihre
Aussage?

- Informationen: Wie sind die Daten miteinander verknüpft?

- Wissen: Zu welchem Zweck dienen diese Informationen?

- Klugheit: Wonach beurteilen Sie die Güte/Qualität dieses Zwecks?

Was ist gut?

Vor dem Hintergrund der DIKW-Systematik können Sie bei sich
und anderen kritisch nachfragen und so Aussagen fundieren
(W>K>I>D-Richtung) oder auf ihre Absicht hin abklopfen
(D>I>K>W-Richtung).

SECI

Was ist das?

SECI ist ein Akronym für Sozialisation (**s**ocialisation), Externalisation (**e**xternalisation), Kombination (**c**ombination) und Internalisation (**i**nternalisation). Es beschreibt die Abfolge, in der Wissen in einem Wechselprozess aus explizitem und implizitem Wissen[51] erzeugt wird.

Woher kommt das?

Ikujirō Nonaka und Hirotaka Takeuchi entwickelten vor etwa zwanzig Jahren dieses Modell, das die Grundlagen des modernen Wissensmanagements darstellt.

Was steckt dahinter?

Wissen wird in einer kontinuierlichen Transformation zwischen implizitem und explizitem Wissen erzeugt und dabei spiralfömig auf höhere Organisationsstufen wie Gruppen und Organisationen gehoben.[52]

---

[51] Implizites Wissen umfasst (a) verborgenes Wissen („tacit"), (b) mit körperlicher Erfahrung verbundenes verinnerlichtes Wissen („embodied") und (c) dem Träger innewohnendes lebendiges Wissen („living").

[52] Tabelle nach: Nonaka, I./Toyama, R./Konno, N. (2000): SECI, Ba and Leadership: a Unified Model of Dynamic Knowledge-Creation, S. 9.

	Sozialisation	Externalisation	Kombination	Internalisation
Trans-formation	implizit > implizit	implizit > explizit	explizit > explizit	explizit > implizit
durch	gemachte Erfahrung	Metaphern, Analogien, Modelle	Zusammen-fassen aus mehreren Quellen	Praxis: learning by doing
Beispiel	erprobte mentale Modelle	Qualitäts-zirkel	Berichte, Konzepte	Simulationen, Experimente
Ziel	erfahrungs-basierte Selbstmodelle	neues Wissen	verbreitetes Wissen	geteilte mentale Modelle

Was ist gut?

Die Bedeutung impliziten Wissens wird durch das Modell hervorgehoben und damit der Umstand, dass es für die Generierung neuen Wissens auch so etwas wie „Reifung" bedarf: Geduld, Zeit, Erfahrungsmöglichkeiten, Fehler.

Wissensmanagement

Was ist das?

Wissensmanagement ist das Gestalten und Lenken von Wissen in Organisationen.

Was kann ich damit machen?

Mit Wissensmanagement können Sie Qualifikationen vermitteln sowie individuelle und organisationale Kommunikations- und Lernprozesse anstoßen.

Was steckt dahinter?

Wissensmanagement wird angewendet, wenn Kommunikationsprozesse unklar sind (z. B. wegen dynamischer Umgebungen) und personengebundenes Wissen für die Organisation bedeutsam ist (z. B. bei Innovationsprozessen). In anderen Fällen (z. B. bei Kundenkontaktinformationen) reicht Informationsmanagement als EDV-gestütztes Sammel- und Austauschinstrument.

Wie gehe ich konkret vor?

- Strukturieren Sie vorliegende Inhalte.

- Analysieren Sie die bestehende Situation.

- Finden Sie Ideen.

- Bewerten Sie die Ideen.

- Fassen Sie Entscheidungen zusammen.

Wissensmanagement

Für jeden dieser Schritte gibt es ein breit gefächertes Repertoire an Instrumenten zur Gestaltung der Prozesse. Wichtig ist beim Wissensmanagement der Wechsel zwischen „Fokussieren" und „Sacken lassen" (→ *Ambidexterity*) als auch der Wechselprozess zwischen implizitem und explizitem Wissen (→ *SECI*)

Was ist gut?

Die Zielrichtung, implizites Wissen an die Oberfläche zu heben, das heißt kommunizierbar zu machen, ist das Charakteristikum von Wissensmanagement und macht dessen Nutzen aus (im Gegensatz zum Informationsmanagement, bei dem explizites Wissen verwaltet wird).

Worauf ist besonders zu achten?

Gelungenes Wissensmanagement hängt von bestimmten Voraussetzungen ab:

- ein langer Atem

- eine offene → *Kultur*

- ein Vorgehen, dass mit den → *Werten* und Motiven (→ *Motivation*) der Wissensträger einhergeht

Innovationsmanagement

Was ist das?

Innovationsmanagement bezeichnet einen aus Neuerung und Umsetzung (Invention und Exploitation) bestehenden Prozess.

Was kann ich damit machen?

Sie können Innovationen strategiekonform und zielgerichtet steuern.

Wie gehe ich konkret vor?

Die folgenden sieben Bereiche sind Gegenstand eines umfassenden Innovationsmanagements. Wichtig dabei ist, dass es keine festgelegte Reihenfolge gibt und bereits bearbeitete Schritte durchaus mehrfach durchlaufen werden.

Bereiche des Innovationsmanagements	
Strategie	■ Innovations- und Organisationsstrategie ■ Identifikation von Inventionsfeldern: Kunden, Lieferanten, Wettbewerber, Forschungseinrichtungen
Auswahl von Innovations-feldern	■ rechtliche und zeitliche Schutzfähigkeit von Innovationen ■ Markt- und Nutzungspotenzial
Rahmen	■ Kooperationsstrategien ■ Wettbewerbsstrategie: Timing of Innovation ■ Innovationsbudget

Bedingungen	■ Innovationshemmnisse ■ Menschenbilder ■ Motivations- und Anreizsysteme
Kreativität	■ Bestimmung des Inventionspotenzials ■ Kreativitätsblockaden und Umweg-Prinzipien ■ Kreativitätstechniken: Aneignung und Anwendung
Planung	■ Unsicherheit und Unklarheit von Innovationen und ihre Auswirkungen auf die Zielbildung ■ Verknüpfung zur Projektplanung: Umfeldanalysen, Netzplantechniken und Controllingverfahren ■ Management externer und interner Schnittstellen
Einbettung in die Organisation	■ Arbeitsteilung in innovativen Prozessen ■ Innovationsmanagement als Organisationsfunktion ■ Innovationsfördernde Organisationskultur ■ Innovationsmanagement und Qualitätsmanagement

Worin besteht eine Alternative?

Eine Alternative steht mit der Adaption von → *Kaizen*-Elementen zur Verfügung.

Stage-Gate-Modell

Was ist das?

Das Stage-Gate-Modell ist ein Verfahren, bei dem sich das Sammeln von Ideen und Konzepten („Stage") mit dem Entscheiden über das weitere Vorgehen abwechseln („Gate").

Woher kommt das?

Um den eigentlich kreativ-unstrukturierten Prozess der Innovation zu strukturieren, entwarf Robert Cooper diese Vorgehensweise, die das Innovationsmanagement bis heute prägt.

Was kann ich damit machen?

Sie können viele verschiedene Innovationsprozesse strukturiert bewerten und steuern. Ablauf und Regeln sind transparent und allgemein gültig. Die Hauptregel lautet: Eine Entscheidung, die bei einem Gate gefallen ist, kann nicht mehr zurückgenommen werden („Ratscheneffekt").

Wie gehe ich konkret vor?

Ideen zu einem Ausgangsproblem sammeln. Dabei ist es zweckmäßig, auf → *Kreativitätstechniken* zurückzugreifen (Stage 1)

- Ideen filtern (Gate 1)

- den möglichen Nutzen der Ideen grob beschreiben (Stage 2)

- Entscheiden Sie, inwieweit der Nutzen strategisch bedeutsam ist (Gate 2)

- Fallstudie oder → *Szenario* zu einem auf der Idee basierenden Projekt erstellen (Stage 3)

- über Effektivität und Effizienz des Projekts entscheiden (Gate 3)

- das Projekt umsetzen (Stage 4)

- die Projektentwicklung kontrollieren (Gate 4)

- Projektergebnisse testen und validieren (Stage 5)

- Produkt freigeben (Gate 5)

Was ist gut?

Mit dem Stage-Gate-Modell ist es eher möglich, schlechte Projektideen zu verhindern oder sie zumindest umzuleiten („recycle"). Zudem erhalten Entscheidungen größere Akzeptanz, wenn die „Gatekeeper"-Gruppe repräsentativ besetzt ist.

Was ist schlecht?

Die Trennung von Ideenfindung und -umsetzung lässt keine Rückwärtsschleife innerhalb eines Projekts zu: Wenn ein Gate geschlossen wird (Ablehnung), muss bei Stage 1 neu begonnen werden.

Kreativitätstechniken

Was ist das?

Kreativitätstechniken bezeichnen eine Sammlung von Methoden, um gezielt und strukturiert Ideen zu erhalten.

Was kann ich damit machen?

Mit Kreativitätstechniken können Sie allein oder mit anderen Ideen sammeln, ohne auf zufällige „ruhige Intuitionsphasen" setzen zu müssen.

Was steckt dahinter?

Hinter allen Kreativitätstechniken steht ein „Umweg": Sie werden vom eigentlichen Problem weggeführt, sammeln dort „losgelöst" Ideen, die dann auf die ursprüngliche Problemstellung übertragen werden.

Wie gehe ich konkret vor?

- Formulieren Sie die Ausgangsfrage, das eigentliche Problem.
- Wenden Sie eine der Techniken an – beispielsweise:
  - Sammeln Sie beliebige Begriffe und führen Sie zu jedem ein kurzes Brainstorming durch. Abschließend versuchen Sie zu jedem der so gesammelten Stichwörter Ideen zu finden anhand der Frage: „Wie kann uns dieses Stichwort helfen, das Problem zu lösen?"
  - Drehen Sie die Frage in ihr Gegenteil um („Wie verschrecken wir unsere Kunden?") und sammeln Sie dazu Ideen. Abschließend fragen Sie zu jedem so gewonnenen Gegenteil-Stichwort, wie sich die negative Entwicklung konkret vermeiden lässt.

- Sie erhalten sehr viele Ideen, von denen die Mehrzahl ungeignet ist (abgehoben, komisch, nicht umsetzbar). Kreativitätstechniken nehmen diesen „Beifang" in Kauf – die ein oder andere gute Idee ist immer dabei.

- Filtern Sie die Ideen und greifen Sie dabei auf Verfahren wie die → *Nutzwert-Analyse* oder das → *State-Gate-Modell* zurück.

Worauf ist besonders zu achten?

Die Zulässigkeit von Spinnereien muss deutlich sein. Mit einer „Schere im Kopf" (Geht das? Darf das sein?) funktionieren Kreativitätstechniken nicht.

Das nächste Kapitel bitte

- Wo die Organisation genau steht, ist unklar.

- Prioritäten hinsichtlich der nächsten wichtigen Schritte müssen noch herausgebildet werden.

- Die Strategie der Organisation ist veraltet oder zu wenig bekannt.

Nehmen Sie sich jetzt das Kapitel 2 „Richtung bestimmen" vor.

- Die genaue Auswertung von erbrachter Leistung fehlt bisher.

- Die nächste anstehende Aufgabe ist, die Organisation Schritt für Schritt besser werden zu lassen.

- Erfolge zu belohnen – materiell oder immateriell – ist ein wichtiger nächster Schritt.

Nehmen Sie sich jetzt das Kapitel 3 „Optimierungen umsetzen" vor.

- Die Mitarbeiter wissen nicht, was sie zu welchem Zweck tun sollen.

- Mitarbeiter müssen jetzt eingesetzt und entwickelt werden.

- Mitarbeiter zu führen, ist die nächste anstehende Aufgabe.

Nehmen Sie sich jetzt das Kapitel 4 „Menschen führen" vor.

Das nächste Kapitel bitte

■ Die anstehende Veränderung auch wirklich anzugehen, ist das Gebot der Stunde.

■ Neue Strukturen und neue Kulturen Hand in Hand zu verändern – das wäre jetzt gut.

■ Es steht an, dieses System „Organisation" zu begreifen und zu steuern.

Nehmen Sie sich jetzt das Kapitel 6 „Change vorantreiben" vor.

Change vorantreiben

6

Changemanagement

Was ist das?

Changemanagement ist die strukturierte Veränderung von Zuständen in Organisationen hinsichtlich → *Strategie*, → *Struktur* und → *Kultur* – verbunden mit dem Ziel, eine Veränderung von Verhaltensmustern und von Fähigkeiten auf organisationaler und personaler Ebene zu erreichen.

Was kann ich damit machen?

Sie können tiefgreifende Veränderungen bewusst lenken und steuern, indem Sie der Situation angemessene Inhalte ansprechen und Methoden einsetzen. Welche das sind, hängt von der Art und vom Stadium der Veränderung ab.

Wie gehe ich konkret vor?

Folgende „Meta-Methoden" kommen beim Changemanagement in der Regel zum Einsatz:[53]

- → *Reifegrad-/Selbstbestimmungsmodell*
- → *Strategieumsetzungsinstrumente*
- → *Kulturarbeit*
- → *Projektmanagement*
- → *Prozessmanagement*
- → *Teamdesign*
- → *Führungsansatz*

---

[53] Vgl. Kostka, C./Mönch, A.: Change Management. 7 Methoden für die Gestaltung von Veränderungsprozessen.

Was steckt dahinter?

Bei einer einfachen und überschaubaren Veränderung verläuft diese gewöhnlich in Phasen ab, deren Inhalte und Abfolge sich recht gut vorhersagen und somit auch planen lassen.

Eines der vielen Modelle ist das von Jeanie Duck[54]:

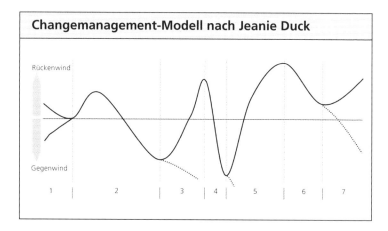

Changemanagement-Modell nach Jeanie Duck

---

[54] Duck, J. D.: The Change Monster. The Human Forces that Fuel or Foil Corporate Transformation and Change.

	Name	Merkmal für die Phase	Aktionen in der Phase	Ergebnis
1	Stillstand	Es herrscht Uneinigkeit über die Lage.	Bedingungen und Umfeld erkennen und beurteilen	Bewusstsein für die Veränderung wird geschaffen
2	Vorbereitung	Die ungewisse Zukunft macht den meisten Angst.	Mit Gleichgesinnten das Ziel formulieren	Ziel der Veränderung wird deutlich
3	Durchführung	Das Vorhaben der Veränderung ruht noch auf wenigen Schultern.	Netzwerke aufbauen, Beteiligung erweitern	Über die Veränderung wird informiert
4		Planungen werden konkret und für alle in ihren Konsequenzen deutlich.	Führung zeigen, sich behaupten	Veränderung wird geplant
5	Entschlossenheit	Die Umsetzung beginnt, erste Ergebnisse zeichnen sich ab.	Neue Wege des Denkens und Handelns gehen	Erste Erfolge werden sichtbar gemacht
6		Erfolge überwiegen, die meisten Skeptiker sind überzeugt.	Bedeutung ausdauernder Energie klar machen	Veränderung beginnt Fuß zu fassen
7	Verwirklichung	Fast alle haben die Veränderung anerkannt und übernommen.	Kontinuierliche Weiterentwicklung betreiben	Veränderung wird zur Selbstverständlichkeit

Changemanagement

Bei Veränderungen in einem komplexen Umfeld ist der Verlauf nicht mehr prognostizierbar (→ *Risiko*). → *Projektdenken* wird durch kontinuierliches → *Szenariodenken* ersetzt. Ansätze der Expertenberatung oder der Organisationsentwicklung werden von iterativer Beratung abgelöst.

	Experten-beratung	Organisa-tionsent-wicklung	Systemische Beratung	Iterative Beratung
Organisation ist	kausal wirkendes System	bedürfnisorientiertes System	selbsterzeugendes System	komplexes System
Fokus	messbare Fakten	Beteiligung	Eigenlogik	Aushandlung
Typisches Vorgehen	Strukturen und Prozesse analysieren und strategiekonform optimieren	Eigeninitiative und Motivation der Mitarbeiter zu einem stimmigen Ganzen fügen	das Spezifische einer Organisation durch die Organisation finden/bestimmen lassen	Planvoll-flexibles Vorantasten entlang Zwecken, Interessen, und Macht
Veränderung ist erfolgreich, wenn …	Entscheidungen unter rationalen Aspekten zu einer höheren Effizienz führen.	Strukturen so verändert sind, dass sie den Bedürfnissen der Mitarbeiter entsprechen.	das System eine ihm eigene Stabilität gefunden oder behalten hat.	Unklarheit abgebaut, Akzeptanz erreicht, Wirkung erzeugt und Routine etabliert ist.
Stärke des Ansatzes bei	Risiken in stabilem Umfeld	hoher Mitarbeiterbetroffenheit	kulturell selbständigen Einheiten	Ungewissheit in komplexen Situationen

Was ist gut?

Die Vielfalt an Beratungsansätzen ermöglicht es, für nahezu jedes Veränderungsvorhaben einen passenden Ansatz zu wählen – das „one-size-fits-all" ist Vergangenheit.

Worauf ist besonders zu achten?

Veränderungen verändern während der Veränderung manchmal ihren Charakter. Entsprechend muss dann auch die Herangehensweise geändert werden, was jedoch eher selten geschieht.

Jedes Changemanagement als „großen Plan" mit definierten Meilensteinen und unverrückbaren Zielen aufzufassen, führt in den meisten Fällen zu Überraschungen, auf die die Planer (und vor allem die Umsetzer) nicht vorbereitet sind. Das bedeutet nicht, Pläne aufzugeben, sondern sich trotz und wegen (→ *destro*) der Pläne im eigenen Vorgehen immer nur vorläufig sicher zu sein.[55]

---

[55] Vertiefend dazu: Pichler, R. (2008): Scrum. Agiles Projektmanagement erfolgreich einsetzen. Heidelberg.

4-Felder-Modell

Was ist das?

Ein auf den Veränderungsdimensionen beruhendes Modell zur →
Führung von Mitarbeitern und Organisationen, beispielsweise bei
→ *Projekten* und → *Changemanagement-Vorhaben*.

Was steckt dahinter?

Dem Modell liegen zwei Dimensionen zugrunde:

- Gegenstand der Führung – „Was": Einfluss auf:

  - Personen (Mitarbeiter, Kollegen, eigene Vorgesetzte oder
    Kunden)

  - Organisation (Strategie, Aufbau oder Abläufe)

- Qualität der Führung – „Wie": Einfluss auf:

  - direkt gestaltbare Qualitäten von Menschen (wie Fähigkei-
    ten) oder Organisationen (wie Organigrammen)

  - haltungs- und einstellungsbezogene Qualitäten von Men-
    schen (wie Motivation) oder Organisationen (wie Routinen
    oder Tabus)

Das „Was" (Senkrechte) und das „Wie" (Waagerechte) bilden
eine Matrix. Die vier Quadranten umfassen folgende Inhalte:

- Führung und Veränderung hinsichtlich der **Fähigkeit** einer
  Person schließt Themen wie Aufgabendelegation, Teamarbeit
  oder Personalentwicklung ein – Aspekte, die das individuelle
  Können von Personen im Fokus haben.

- Die **Bereitschaft** lässt sich anhand von Themen wie Legitimation, Konflikt, Entscheidung oder Motivation verdeutlichen. Das persönliche Wollen steht im Vordergrund.

- Was eine Organisation als erlaubt, berechtigt und gebührlich deklariert (explizit oder implizit), ist Gegenstand der **Zulässigkeit**. Das soziale Dürfen umfasst Themen wie Fehler, Verantwortung, Qualität oder Wissen.

- Die **Möglichkeiten**, die eine Organisation bereitstellt, betreffen Themen wie Prozesse, Erfolgsfaktoren, Vergütung oder Strategie. Dabei steht die situative Ermöglichung durch die Organisation im Vordergrund.

Umfassende Veränderung (und Führung) schließt alle vier Quadranten mit ein, unabhängig davon, in welchem Quadranten die Aufgabe ursprünglich angesiedelt ist.

Beispiel:

Die Restrukturierung einer Organisation startet im Quadranten unten links:

- Zunächst werden die Prozesse optimiert, die Schnittstellen beschrieben und Effizienzprogramme durchgeführt. (unten links)

- Statt die Restrukturierung danach zu beenden, werden nun die Beteiligten (das sind in diesem Fall nicht nur Mitarbeiter, sondern auch Lieferanten und Kunden) aufgefordert, den vorläufigen Restrukturierungsstatus und -plan zu ergänzen, zu verändern und zu kommentieren. (oben rechts)

- Die Ergebnisse gehen in eine Überarbeitung des Plans ein. (unten links)

- Nun werden die Qualifikationen Einzelner entwickelt, um die veränderten Prozesse bewältigen zu können. (oben links)

- In Mitarbeitergesprächen wird besprochen, wie gut sich die zukünftigen Stelleninhaber mit den neuen Anforderungen und den damit einhergehenden Qualifikationen identifizieren. (oben rechts)

- Abschließend werden gute Beispiele für eine Umsetzung der neuen Struktur veröffentlicht und die Führungskräfte gehen aktiv auf die Mitarbeiter zu, um Probleme zu beseitigen, die erst durch die neue Praxis auftreten können. (unten rechts)

Wie gehe ich konkret vor?

- Identifizieren Sie, in welchem Quadranten Ihr Vorhaben angesiedelt ist.

- Entwerfen Sie für diesen Quadranten erste Ziele, Pläne und Maßnahmen. Erarbeiten Sie keine „perfekten" Ergebnisse, die den Anschein erwecken können, Änderungen seien weder möglich noch erwünscht.

- Nehmen Sie sich nun einen nächsten Quadranten vor. Die Reihenfolge ergibt sich aus der Situation, die sich jetzt ergeben hat.

- Überlegen Sie sich, bevor Sie zum dritten Quadranten weitergehen, ob und wie weit die Ergebnisse des ersten Quadranten aufgrund der des zweiten überarbeitet werden sollten.

- Arbeiten Sie sich so durch die Quadranten voran – immer mit der Möglichkeit, Quadranten weiter zu bearbeiten, an denen Sie bereits gearbeitet hatten.

Was ist gut?

Das 4-Felder-Modell gibt Ihnen ein Raster vor, ohne dass Sie auf eine Schrittfolge festgelegt werden. Diese planvoll-flexible Vorgehensweise ist übrigens ein Charakteristikum der iterativen Beratung.

Worauf ist besonders zu achten?

In einigen Situationen kann es schwierig sein, den Überblick über die bereits in einen anderen Quadranten eingepflegten Ergebnisse und Inhalte zu behalten.

Dagegen kann das zu frühzeitige Abbrechen dieses Einpflegens zum falschen Eindruck einer fundierten Bearbeitung der Aufgabe führen.

Zwischen diesen beiden Polen die richtige Mischung zu finden – was nicht eine Balance sein muss – ist eine Frage von Gespür und Erfahrung (anders ausgedrückt: von Wissen und Klugheit).

Fünf Disziplinen

Was ist das?

Es beschreibt ein Konzept, um Organisationen zu lernenden Organisationen zu entwickeln.

Woher kommt das?

Mit seinem Buch „Die fünfte Disziplin" leitete Peter Senge Anfang der 1990er Jahre einen Boom der Art der Unternehmensberatung ein, die dem Kunden nicht expertenhaft den Weg weist, sondern für ihn den Prozess strukturiert.

Was kann ich damit machen?

Eine Organisation kann damit so verändert werden, dass sie anpassungsfähig ist, weil sie auf innere und äußere Ereignisse systemadäquat reagiert.

Wie gehe ich konkret vor?

Voraussetzung ist das Beherrschen folgender fünf Fertigkeiten (Disziplinen):

- Individuelle Reife (Personal mastery): Persönlichkeit der Mitglieder entwickeln

- Mentale Modelle (Mental Models): explizite und implizite Grundannahmen sichtbar und bearbeitbar machen

- Gemeinsame Vision (Shared Vision): gemeinsame Ziele verstehen und verinnerlichen

- Lernen im Team (Team Learning): gemeinsam Gelerntes als innere Verbundenheit verstehen

- Denken in Systemen (Systems Thinking): Wirkmechanismen und zu erwartendes Verhalten durch Denken in Systemen beschreiben

Um eine lernende Organisation zu entwickeln, müssen alle fünf Disziplinen vorliegen, da sie sich wechselwirkend verstärken. Daher ist es zweckmäßig, die fünf Disziplinen auf annähernd gleichem Niveau weiterzuentwickeln.

Als Führungskraft haben Sie neben dem Beherrschen der fünf Disziplinen noch die Aufgaben eines Designers, Lehrers und Sachverwalters.

Worauf ist besonders zu achten?

Das Ziel „Lernende Organisation" im Sinne von Senge ist eine so anspruchsvolle Herausforderung an das Changemanagement, dass alle anderen Aktivitäten diesem Ziel untergeordnet werden sollten – ansonsten bleibt es ein Lippenbekenntnis.

Organisationsentwicklung

Was ist das?

Organisationsentwicklung ist ein Ansatz des → *Changemanagements* mit dem Fokus auf dem soziotechnischen Systemverständnis.

Woher kommt das?

Die Ursprünge der Organisationsentwicklung liegen in den 40er und 50er Jahren des vorigen Jahrhunderts, als Untersuchungen in Unternehmen zeigten, dass menschliche Beziehungen oder Arbeitsumgebungen einen hohen Einfluss auf das Arbeitsergebnis haben.

Was steckt dahinter?

Das soziotechnische Systemverständnis besagt, dass bei Veränderungen nicht nur → *Strukturen* verändert werden müssen, sondern auch das soziale System mit seiner → *Kultur* und den Menschen mit ihren Motiven (→ *Motivation*).

Was kann ich damit machen?

Mit dem Ansatz der Organisationsentwicklung verändern Sie die harten und weichen Faktoren gemeinsam und erhalten so (hoffentlich) weniger Widerstand.

Wie gehe ich konkret vor?

- Berücksichtigen Sie bei allen Veränderungsmaßnahmen die intrinsische Motivation sowie die Ziele der Einzelnen von Beginn an, beteiligend und transparent.

- Lassen Sie der Eigeninitiative von Mitarbeitern Raum – zum Beispiel durch ein nicht-direktives → *Führungsverständnis*

- Rücken Sie gruppendynamische Prozesse, Datenerhebung hinsichtlich der Mitarbeiterbelange und Feedbackmechanismen in das Zentrum Ihres Veränderungsvorhabens.

Was ist gut?

Die Organisationsentwicklung macht Fragen der „human relations" zur Tagesordnung.

Was ist schlecht?

Themen wie Machtstreben oder Interessenkonflikte werden größtenteils ausgeblendet, „harte" Themen (Struktur, Effizienz) geraten ins Hintertreffen.

Szenario

Was ist das?

Ein Szenario ist ein mögliches und komplexes Zukunftsbild, das auf den Kombinationen vieler, miteinander vernetzter Einflussgrößen basiert.

Woher kommt das?

Das Denken in Szenarien ist ein Vorgehen, das seit den 1960er Jahren zunächst bei technischen Planungen, später auch bei strategischen Themen Anwendung findet. Vor allem in Situationen hoher Komplexität werden Szenarien erstellt.

Was kann ich damit machen?

Zur Formulierung einer Strategie (wenn ein Großteil der Analysen bereits durchgeführt worden ist) können Sie mehrere Optionen („Szenarien") hinsichtlich ihrer Vor- und Nachteile durchspielen, ohne dabei die Wahrscheinlichkeit einzubeziehen, mit der die jeweilige Option eintreten könnte. Szenarien sind daher sehr gut geeignet, wenn keine → *Risiken* bekannt sind (und somit keine Prognosen abgegeben werden können), sondern die Situation ungewiss ist.

Wie gehe ich konkret vor?

- Ermitteln Sie die Einflussfaktoren für die Situation, in der sich die Organisation befindet.

- Gewichten Sie die Einflussfaktoren. Dabei können Sie auf Verfahren wie → *AHP* oder → *CC-Verfahren* zurückgreifen.

- Ermitteln Sie die Schlüsselfaktoren. Geeignet sind dafür Verfahren wie der → *Papiercomputer*.

- Setzen Sie jeweils zwei Schlüsselfaktoren in Beziehung:

  – Beschreiben Sie für jeden Schlüsselfaktor zwei mögliche Ausprägungen (Beispiel „Marktentwicklung": Markt für Produkte wächst ←→ Markt stagniert).

  – Erstellen Sie eine Matrix aus zwei Schlüsselfaktoren (mit je zwei Ausprägungen).

  – Beschreiben Sie für jedes der vier Felder möglichst konkret, welche Entwicklungen sich bei der Kombination der jeweiligen Ausprägungen abzeichnen. Diese Beschreibungen werden Projektion genannt.

  – Betiteln Sie jede Projektion mit einer guten Überschrift oder einem Slogan – dieser sollte griffig sein, gern auch ein wenig überzogen.

  – Erstellen Sie viele solcher Projektionen, indem Sie die voranstehenden vier Unterschritte für neue Schlüsselfaktor-Kombinationen durchführen.

- Fassen Sie Projektionen zusammen, die in eine ähnliche Richtung tendieren, unabhängig davon, aus welcher Schlüsselfaktor-Kombination sie stammen. Diese Cluster werden Szenarien genannt.

- Konkretisieren Sie jedes Szenario:

  – Illustrieren Sie das Szenario durch ein Bild, eine Geschichte, ein Lied, einen fiktive Zeitungsreportage …

  – Identifizieren Sie für jedes Szenario, wo die Chancen und Gefahren liegen, wer die Gewinner und Verlierer sein werden und anhand welcher Indikatoren sich ein real werdendes Szenario identifizieren lässt.

- Beschreiben Sie für jedes Szenario die Maßnahmen, die zu diesem Szenario passen, das heißt die umgesetzt werden sollten, um sich auf das Szenario vorzubereiten: „Was müssten wir tun, wenn XYZ Wirklichkeit wird?"

- Formulieren Sie eine robuste oder fokussierte → *Strategie* durch Wahl entsprechender Maßnahmenbündel.

  - Beachten Sie die Analyseergebnisse, die durch andere Methoden bestimmt worden sind.

  - Berücksichtigen Sie die Chancen, Gefahren, Gewinner und Verlierer.

  - Richten Sie das Kennzahlensystem danach aus, dass möglichst viele der Indikatoren, die bei den verschiedenen Szenarien identifiziert wurden, beobachtet werden. Im Falle einer fokussierten Strategie sollten auch die Indikatoren beobachtet werden, die zu solchen Szenarien gerechnet werden, die nicht in die Strategie eingeflossen sind.

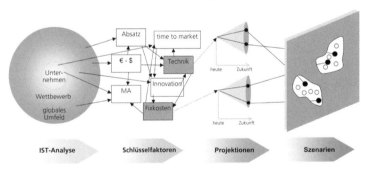

Beispiel für eine Projektion:

Als zwei Schlüsselfaktoren werden Technologieentwicklung und Konkurrenz bestimmt. Daraus werden die folgenden vier Projektionen entwickelt:

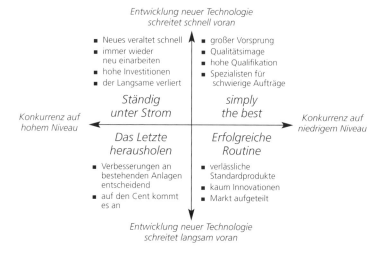

Entwicklung neuer Technologie schreitet schnell voran

- Neues veraltet schnell
- immer wieder neu einarbeiten
- hohe Investitionen
- der Langsame verliert

- großer Vorsprung
- Qualitätsimage
- hohe Qualifikation
- Spezialisten für schwierige Aufträge

Ständig unter Strom

simply the best

Konkurrenz auf hohem Niveau

Konkurrenz auf niedrigem Niveau

Das Letzte herausholen

Erfolgreiche Routine

- Verbesserungen an bestehenden Anlagen entscheidend
- auf den Cent kommt es an

- verlässliche Standardprodukte
- kaum Innovationen
- Markt aufgeteilt

Entwicklung neuer Technologie schreitet langsam voran

Was ist gut?

Szenarien lenken den Fokus auf das Mögliche, das Wahrscheinliche verliert (vorübergehend) an Bedeutung. Damit besteht die Chance, Querdenken zuzulassen, sogar zu fördern. Eine Organisation kann somit auf überraschende Situationen besser vorbereitet sein.

Was ist schlecht?

Die Entwicklung von Szenarien ist aufwendig, der Nutzen dann eher gering, wenn nicht alle Informationen, die bei der Erstellung gewonnen wurden, in der Zukunft mitbeachtet werden.

Worauf ist besonders zu achten?

Szenarien verlieren an Zugkraft, wenn ihre Erstellung nicht breit angelegt ist: Je mehr → *Stakeholder* an verschiedenen Schritten beteiligt werden, umso besser – für das Ergebnis und für die Akzeptanz.

Struktur

Was ist das?

Struktur ist eine Anordnung zur Abstimmung aller Tätigkeiten in einer Organisation, sozusagen die Organisation der Organisation. Strukturen sind die „entschiedenen Entscheidungsprämissen" (Kühl, S. 98).

Was kann ich damit machen?

Mit der Struktur koordinieren Sie alle Aktivitäten einer Organisation.

Was steckt dahinter?

Unterschieden werden Aufbau- und Ablauforganisation:

- Die *Aufbauorganisation* bestimmt die Festlegung der Aufgaben nach den Merkmalen der Tätigkeit und des Objekts. Sie legt das Gebilde der Organisation fest, zum Beispiel in Form eines Organigramms.

- Die *Ablauforganisation* bestimmt den Ablauf im Organisationsgebilde. Sie detailliert nach Raum- und Zeitgesichtspunkten das in der Aufbauorganisation festgelegte Handeln, zum Beispiel in Form einer Prozessdarstellung.

Wie gehe ich konkret vor?

- Legen Sie die Primärorganisation, das heißt die dauerhafte Ordnung fest:

– Fassen Sie ähnliche oder zusammenhängende Aufgaben zu Stellen zusammen.

– Klären Sie Aufgaben, Befugnisse und Verantwortung jeder → *Stelle.*

– Hierarchisieren Sie die Stellen. Daraus ergibt sich das Organigramm.

■ Legen Sie die Sekundärorganisation fest, das heißt vorüberge-hende Einheiten, die hierarchieübergreifende oder -ergän-zende Aufgaben haben. Dazu zählen Projektteams und Stabs-stellen.

■ Für die Ablauforganisation müssen die folgenden drei Aspekte geplant werden:

– Abfolge der Arbeitsschritte

– Schnittstellen zwischen den Arbeitsschritten

– Ressourcen für die Bearbeitung der Abläufe

Ziele dabei sind:

– kurze Durchlaufzeiten

– hohe Auslastung der Kapazitäten

– hohe Termintreue

– beschleunigter Informationstransport

– bessere Erreichbarkeit

– Entlastung von aufwendigen Routinetätigkeiten

Prozess und Prozessmanagement

Prozess und Prozessmanagement

Was ist das?

Ein Prozess ist eine Abfolge von Input – Transformation – Output.

Was steckt dahinter?

Im Prozessmanagement werden Prozesse genauer beschrieben als eine Struktur aufgrund logischer Folgebeziehungen. Elemente dieser Struktur können Aufgaben, Aufgabenträger, Sachmittel und Informationen sein. Die Struktur weist zeitliche, räumliche und mengenmäßige Dimensionen auf.[56]

Was kann ich damit machen?

Mit Prozessen steuern Sie den Ablauf einer Organisation, mit dem Prozessmanagement die Gestaltung und Optimierung der Prozesse sowie deren Einbettung in die → *Strategie*.

Wie gehe ich konkret vor?

- Wenden Sie zunächst nur einen großen Maßstab an und beschreiben Sie die Prozesse in groben Schritten. Sortieren Sie danach die Grobschritte in Feinschritte.

- Verwenden Sie als Bezeichnungen für die Einzelprozesse folgende Symbole:

---

[56] Vgl. Fischermanns, G.: Praxishandbuch Prozessmanagement, S. 12.

Prozess und Prozessmanagement

☐	Prozess	☐	vordefinierter Prozess
☐	alternativer P.	☐	Dokument
◇	Entscheidung	⬭	kritischer Punkt
▱	Daten	▢	Verzögerung

Was ist gut?

Die Prozessdarstellung und das Management der Prozesse ermöglichen Ihnen einen Blick auf die Zusammenhänge und das Zusammenwirken der einzelnen Abläufe. So können Sie einerseits Fehlerquellen und Optimierungsmöglichkeiten besser identifizieren, andererseits die Abläufe auf eine veränderte Strategie besser ausrichten.

Projekt

Was ist das?

Ein Projekt ist ein „Vorhaben, das im Wesentlichen durch die Einmaligkeit der Bedingungen in ihrer Gesamtheit gekennzeichnet ist, wie zum Beispiel Zielvorgabe, zeitliche, finanzielle, personelle und andere Begrenzungen; Abgrenzung gegenüber anderen Vorhaben; projektspezifische Organisation."[57]

Was kann ich damit machen?

Mit einem Projekt können Sie hierarchieübergreifende oder -ergänzende Aufgaben neben der Primärorganisation erledigen.

Wie gehe ich konkret vor?

- Bestimmen Sie das Projektziel oder stimmen Sie es mit Ihrem Projektauftraggeber ab.

- Erstellen Sie einen Projektstrukturplan, indem Sie alle Aufgaben hierarchisch gliedern.

- Ordnen Sie die Aufgaben chronologisch an. In einem Netzplan verbinden Sie die notwendig aufeinander folgenden Aufgaben.

- Ermitteln Sie den „kritischen Pfad". Das ist die Abfolge von Aufgaben zwischen Start und Ende des Projekts, durch den die Mindestdauer bestimmt wird.

- Bestimmen Sie daraufhin die weiteren nötigen Ressourcen (Mitarbeiter, Material, Budget, Infrastruktur).

---

[57] DIN 69901

Projekt

- Lassen Sie sich den Projektplan mit allen bis hierhin feststehenden Daten vom Projektauftraggeber freigeben.

- Starten Sie das Projekt mit den bis dahin beschafften Ressourcen.

- Steuern Sie das Projekt hinsichtlich Zeit, Kosten und Qualität.

Was ist gut?

Das strukturierte Vorgehen erleichtert Überblick und Vorgehen – sofern die Rahmenbedingungen stimmen: Akzeptanz in der Organisation (bei Leitung und Mitarbeitern) und ein stabiles Umfeld. Dynamisch-komplexe Projekte verlangen dagegen ein iteratives Vorgehen (→ *Changemanagement*).

Worauf ist besonders zu achten?

Dass heutzutage fast jede Aktivität im Tagesgeschäft „Projekt" genannt wird, mindert möglicherweise die Ehrfurcht gegenüber echten Projekten.[58]

---

[58] Petit, P.: To reach the Clouds – Man on Wire.

Kultur

Was ist das?

Kultur ist die Vergewisserung einer Organisation über ihre impliziten und expliziten → *Regeln* und → *Werte*. Kultur umfasst die „nicht entschiedenen Entscheidungsprämissen" (Kühl, S. 116).

Was kann ich damit machen?

Mit Kultur als „Muster gemeinsamer Grundprämissen"[59] gibt sich die Organisation einen Sinnhorizont.

Was steckt dahinter?

Kultur manifestiert sich in vielen Bezugspunkten einer Organisation:

- Normen und Werte

- Einstellungen und → *Haltungen*

- Geschichten und Mythen zu wichtigen Veränderungen

- Denk-, Argumentations- und Interpretationsmuster

- Sprachregelungen

- kollektive Erwartungen

Diese Punkte basieren auf Grundannahmen, werden in Werten bewusst gemacht und in Artefakten sichtbar.[60]

---

[59] Schein, E. H. : Organizational Culture and Leadership, S. 9.
[60] a.a.O. S. 17–23.

Artefakte	■ Strukturen und Prozesse ■ Technologie ■ Architektur ■ Kleidung ■ Sichtbare Verhaltensmuster	sichtbar, häufig nicht eindeutig entzifferbar
Werte	■ Verhaltensstandards ■ Strategien und Ziele ■ Philosophie ■ Kommunikationsmuster ■ Umgang miteinander	höhere Ebene des Bewusstseins
Grund-annahmen	■ Natur der Wirklichkeit, des Raumes, der Zeit ■ Natur der menschlichen Aktivität ■ Natur der menschlichen Beziehungen	unsichtbar, vorbewusst

Wie gehe ich konkret vor?

Analyse einer Organisationskultur

- Analysieren Sie die Herkunft der Organisation:
  - Was war Gründungsanlass?
  - Wer waren die Gründer?
  - Welche Probleme gab es in der Anfangsphase?

- Fragen Sie sich, ob es Brüche in der Entwicklung der Organisation gab: Wechsel wichtiger Personen, Fusionen, Übernahmen?

- Betrachten Sie „kulturrelevante Plätze":
  - Wo liegt die Chefetage?
  - Welchen Eindruck macht der Empfang?
  - Wie sind normale Arbeitsplätze ausgestattet?

- Beobachten Sie die Mitarbeiter:
  - Wie gehen sie miteinander um?
  - Welche Sprache sprechen sie?
  - Wie kontrollieren sie sich gegenseitig?

- Analysieren Sie Rituale: Wie laufen Weihnachtsfeiern, Betriebsausflüge, Ehrungen usw. ab?

- Wenn Sie das alles getan haben: Erzählen Sie Ihre Beobachtungen zusammengefasst repräsentativ ausgewählten Mitgliedern der Organisation „by the way" – und registrieren Sie, wie diese reagieren.

Gestaltung einer Organisationskultur

Geert Hofstede hat zwei Kulturdimensionen als die für Organisationen entscheidenden beschrieben: Machtdistanz und Unsicherheitsvermeidung.[61]

- *Machtdistanz*: Wie gehen Menschen mit dem Sachverhalt der Ungleichheit zwischen Menschen um? Wie gehen sie mit zentralisierter Autorität um?

- *Unsicherheitsvermeidung*: Wie gehen Menschen mit der Tatsache um, dass die Zeit nur in eine Richtung verläuft? Wie hoch ist ihr Verlangen nach Sicherheit (durch Technik, Gesetze, Werte)?

Aus jeweils zwei gegensätzlichen Ausprägungen jeder Dimension ergeben sich die vier Felder für Kulturarbeit:

---

[61] Hofstede, G.: Lokales Denken, globales Handeln. Interkulturelle Zusammenarbeit und globales Management.

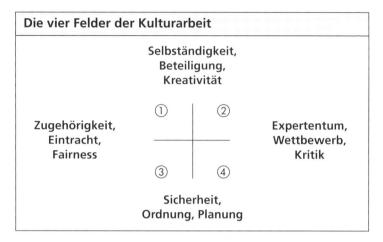

Für die meisten Organisationen empfiehlt es sich, in allen vier Feldern zu arbeiten, um allen Mitarbeitern mit ihren → *Motiven* entsprechen zu können.

Beispiel:

Bericht eines Mitarbeiters der Nodrug AG:

„Bei uns werden Erfahrungen ausgetauscht, Erfolge gefeiert. Alle unterstützen sich gegenseitig mit Ideen. Es ist selbstverständlich, dass jeder in wichtige Entscheidungen eingebunden wird ①.

Gegenseitige Unterstützung ist an der Tagesordnung. Wiederkehrende, verlässliche Rituale (wie das „Monatsessen") prägen den Rhythmus unserer Organisation ③.

Jeder Einzelne ist frei darin, die Wege zur Umsetzung seiner Ziele zu bestimmen. Der Erfolg zählt – und da weiß jeder, was richtig ist, um dorthin zu kommen ②.

Wer Spezialist wofür ist – das ist nicht nur bekannt, sondern akzeptiert. Um die richtige Lösung wird gestritten, ohne zu beleidigen – oder gar zu ignorieren ④. "

Was ist gut?

Der Blick auf die Kulturmerkmale eröffnet meistens neue Einsichten und in der Folge auch neue Möglichkeiten.

Worauf ist besonders zu achten?

Der größte Stolperstein ist Ungeduld. Kultur ist kein weicher Faktor, sondern ein sehr schwieriger – geradezu „harter" – Aspekt, wenn es um deren Veränderung geht.

Werte

Was ist das?

Werte sind ein Bündel an Auffassungen, die ein Individuum hinsichtlich des Wünschenswerten hegt, das heißt der Ausdruck einer grundlegenden Vorstellung darüber, was ein gutes Leben ausmacht.

Was kann ich damit machen?

Zunächst einmal können Sie damit Werte als individuelle Präferenz von Normen als allgemein anerkannten Verhaltensregeln unterscheiden. Darüber hinaus können Sie abgleichen, wie sehr Ihre eigenen Werte innerhalb einer Organisation gelebt werden können, das heißt wie gut Werte und → *Kultur* übereinstimmen.

Wie gehe ich konkret vor?

- Überlegen Sie für sich, welche Werte für Sie am wichtigsten sind, welche am unwichtigsten. Dabei können Sie auf die folgende Aufzählung zurückgreifen:[62]

  Angenommensein, Ehre deine Eltern, Ehrlichkeit, Erfolg, Fairness, Freiheit, Freundschaft/Solidarität, Friedensstiftung/Schlichtung, Gleichheit, Gemeinschaft, Gerechtigkeit, Großzügigkeit, Humor, Loyalität, Mitleid, Mitmenschlichkeit, Mitverantwortung, Mut, Offenheit, Religiösität, Respekt, Suche nach Schön-

---

[62] Oder alternativ die Antwort von Salman Rushdie auf die Frage nach westlichen Werten: „Küssen in der Öffentlichkeit, Schinken-Sandwiches, offener Streit, scharfe Klamotten, Kino, Musik, Gedankenfreiheit, Schönheit, Liebe." Nach: Giordano, R. (2010): Wo bitte geht's in die Moderne? In: Die Welt (15.10.2006).

heit, Suche nach Wahrheit, Treue, Uneigennützigkeit/Bewährung, Vaterlandsliebe, Vorbild, Wertschätzung, Zusammenarbeit, Zuverlässigkeit, Zuversicht

■ Reflektieren Sie, wie Sie sich in einer Kultur (z. B. einem fremden Land) fühlen würden, in dem die für Sie wichtigsten drei Werte unwichtig wären: Was konkret stört Sie? Worin fühlen Sie sich eingeschränkt, wovon abgehalten? Welche Gefühle löst das bei Ihnen aus?

Worauf ist besonders zu achten?

Nach Isaiah Berlin sind Werte inkompatibel, inkommensurabel oder stehen im Widerspruch zueinander und können daher nicht geordnet werden.[63] Das würde nicht-konsistentes Verhalten von Menschen zumindest erklären.

---

[63] Berlin, I.: Der Igel und der Fuchs.

Regel

Was ist das?

Eine Regel ist eine Richtschnur, Vorschrift oder Norm in einer Organisation, um Verlässlichkeit, Orientierung und Ordnung herzustellen.

Was steckt dahinter?

Regel wird in der neueren Managementliteratur nicht als hierarchische Angelegenheit angesehen, deren Regelvorschriften 1:1 umgesetzt werden, sondern als sich verändernde Praxis, die sich aus und in der Regelanwendung erst ergibt.

Wie gehe ich konkret vor?

- Beschreiben Sie die in einer Organisation geltenden Regeln. Das ist nicht so einfach, weil eine Organisation in ihrer Praxis zu einem Großteil aus ungeschriebenen und informellen Regeln besteht. Aspekte der → *Kultur der Organisation* sind bei der Analyse sehr hilfreich.

- Beobachten Sie, wie Regeln angewendet, interpretiert und verändert werden (→ *AGE*) und welche Regelverletzungen und -überschreitungen daraus resultieren.

- Stellen Sie fest, wer Regel„verletzungen" als solche feststellt und feststellen darf und wer sich Regel„überschreitungen" erlaubt beziehungsweise erlauben darf.

Was kann ich damit machen?

Sie können beim Spiel um Regeln mitspielen, statt lediglich das Ergebnis dieses Spiels zu registrieren und erhalten damit mehr praktische → *Macht*.

Was ist gut?

Sie schärfen Ihren Blick für die Praxis in der Organisation. Wer Regeln als fest und gegeben ansieht und danach handelt, erlebt zweierlei Überraschungen:

■ Hürden bei der eigenen Regelanwendung, durch die sich die eigene Praxis verändert beziehungsweise erschwert

■ Regelauslegungen durch andere, durch die sich die Regelpraxis (und dann auch die Regel selbst) verändert

System

Was ist das?

Ein System ist eine Einheit aus mehreren Elementen, zwischen denen Beziehungen existieren und die eine spezifische Abgrenzung bilden (Element-Relation-Grenze).

Was steckt dahinter?

Elemente eines Systems können sein:

- Design (Anordnung)

- Equipment (Ausstattung)

- Procedures (Prozesse)

- Operators (Bediener)

- Supplies and materials (Zulieferungen und Material)

- Environment (Umgebung) – abgekürzt: DEPOSE.[64]

Die Beziehungen zwischen diesen Elementen können sein:

- eng oder lose gekoppelt (wie direkt und unausweichlich folgen Prozesse „ungepuffert" aufeinander)

- lineare oder → *komplexe* Interaktion (wie vorhersagbar ist die Wirkung eines Prozesses auf Folgeprozesse)[65]

---

[64] Perrow, C.: Normale Katastrophen, S. 23.
[65] Vgl. a.a.O., S. 136–140.

System

Als Resultat aus den Elementen und Beziehungen ergeben sich die für ein System charakteristischen Eigenschaften:

- Komplexität: einfach … komplex

- Dynamik: statisch … dynamisch

- Wechselwirkung: isoliert … offen

- Determiniertheit: bestimmt … zufällig

- Stabilität: stabil … indifferent … instabil

- Zeitvarianz: invariant … variant

Was kann ich damit machen?

Neben einer guten Plattform für die Analyse von Organisationen, Prozessen und Strukturen bietet Ihnen der Systembegriff eine allgemeine Handlungsanleitung: Vermeide in komplexen Systemen enge Kopplungen – sonst wirst du Getriebener der „überraschenden Umstände".

Selbstorganisation

Was ist das?

Die Selbstorganisation ist ein Phänomen von Systemen, bei dem Ordnungsmuster spontan entstehen, ohne dass zentrale Funktionen oder externe Anweisungen diese Ordnung bestimmen.

Woher kommt das?

William Ashby postulierte 1947 die „Principles of the Self-Organizing Dynamic System"[66]. An ihnen orientieren sich noch heute die meisten Organisationstheorien.

Was kann ich damit machen?

Mit dem Phänomen der Selbstorganisation können Sie beispielsweise gruppendynamische Ereignisse, das Entstehen von Projektprioritäten oder Innovationsprozesse besser analysieren und ggf. auch steuern.

Wie gehe ich konkret vor?

- Behandeln Sie die offiziellen Organigramme und Prozessbeschreibungen mit der gebotenen Distanz.
- Finden Sie heraus, wer:
  - erfolgreich Themen, Beschlüsse o.Ä. zusammenfasst
  - Themen, Ziele o.Ä. verwerfen darf

---

[66] In: Journal of General Psychology (37), S. 125–128.

- – in seinen Meinungen und seinem Verhalten nachgeahmt wird
- – sich absetzt und Themen oder Personen ignoriert[67]

- Beobachten Sie und Sie werden Muster erkennen, die auf diesem Verhalten basieren. Diese Muster machen das soziale System „Organisation" aus, nicht das offizielle Organigramm.

Worauf sollte ich besonders achten?

Risiken liegen in der Verwechslung von Selbstorganisation und Selbsterzeugung (lat.: autopoiesis):

- Selbstorganisation bedeutet, dass ein System mit eigenen Elementen und Regeln intern operiert – und weiterhin von außen steuerbar ist.

- Selbsterzeugung meint, dass ein System die eigene Organisation aus sich selbst heraus erzeugt – und von außen angestoßen („irritiert") werden kann, die Steuerung jedoch systemintern erfolgt.

Führungsansätze, die sich als → *systemisch* bezeichnen, basieren auf der Theorie der Autopoiesis, sie geraten „in große Gefahr, sich selbst zu erübrigen."[68]

---

[67] Vgl.: Silberstang, J./Hazy, J. K.: Toward a Micro-Enactment: Theory of Leadership and the Emergence of Innovation.
[68] Ortmann, G.: Gute Besserung. Organisationen als Placebo-Responder.

Komplexität

Was ist das?

Komplexität ist die Eigenschaft eines → *Systems* mit (einfach oder schwierig) zu entschlüsselnder Unordnung, Kompliziertheit dagegen mit schwierig zu entschlüsselnder Ordnung.

Was steckt dahinter?

Die Unterscheidungen beziehen sich auf die (Nicht-)Existenz von erkennbaren Kausalitäten und der Dynamik des Systems.[69]

	einfach	kompliziert	komplex	chaotisch
Eigenschaften	■ wiederkehrende Muster und Ereignisse ■ klare Zusammenhänge zwischen Ursache und Wirkung ■ eine richtige Antwort existiert	■ Zusammenhänge zwischen Ursache und Wirkung sind nicht unmittelbar ersichtlich ■ mehrere richtige Antworten sind möglich ■ bekannte Wissenslücken	■ Wandel und Unberechenbarkeit ■ Es gibt keine richtigen Antworten, aber es entstehen aufschlussreiche Muster. ■ unbekannte Wissenslücken	■ keine klaren Zusammenhänge zwischen Ursache und Wirkung ■ Es ist zwecklos, nach richtigen Antworten zu suchen. ■ Es gibt keine Zeit zum Überlegen.
Gefahr	Zu starkes Vertrauen in Best Practices, wenn sich der Kontext ändert.	Experten vertrauen zu stark auf ihre eigenen Lösungen oder glauben an die Wirksamkeit früherer Lösungen	Versuchung, nach Fakten zu suchen, anstatt das Entstehen von Mustern zuzulassen	Die Chance, Fakten, Kausalitäten oder Muster zu identifizieren, wird vertan: Das Chaos dauert unvermindert an.

[69] Tabelle nach: Snowden, D.J./ Boone, M.E. (2007): A Leader's Framework for Decision Making. In: HBR (11), S. 69–76.

Was kann ich damit machen?

Je nach Systemtyp sind Überraschungen entweder auf nicht-fach-gerechtes Vorgehen zurückzuführen (bei einfachen und kompli-zierten Systemen) oder auf die Systemeigenschaft selbst. Bei komplexen Systemen kommt es deshalb darauf an, dass Sie auf mögliche → *Szenarien* vorbereitet sind, was besonders für das → *Changemanagement,* aber auch für → *Projektmanagement* gilt.

Organisation

Was ist das?

Organisation ist ein Begriff mit doppeltem Inhalt:

- das Ausrichten (z. B. Organisation eines Backgammon-Turniers)

- die soziale Struktur (z. B. Organisation für Sicherheit und Zusammenarbeit in Europa – OSZE)

Was steckt dahinter?

Der Begriff wird sehr verschieden verwendet, ein allgemein übliches Verständnis gibt es nicht, erst recht keine einheitliche Definition.[70] Nachfolgend einige Ansätze: [71]

- Alles, was innerhalb eines soziotechnischen Systems Ordnung schafft. (Foidl-Dreißer)

- Das Mittel zur Erreichung der Ziele eines Unternehmens. (Bühner)

- Von Kernkompetenzen geprägtes System. (Hamel/Prahalad)

- Ein Tau aus drei ineinanderlaufenden Strängen: technisch, politisch, kulturell. (Fatzer)

- Eine der folgenden acht Metaphern: Maschine, Organismus, Gehirn, Kultur, politisches System, psychisches Gefängnis, Fluss und Wandel, Machtinstrument. (Morgan)

---

[70] Einen hervorragenden systematischen Überblick gibt Bonazzi, G.: Geschichte des organisatorischen Denkens.

[71] Quellennachweis gerne per Mail: wippermann@flow.de

Organisation

- Eine Gruppe von Personen und Einrichtungen mit einem Gefüge von Verantwortungen, Befugnissen und Beziehungen. (DIN ISO 9000 3.3.1)

- Eine selbsttragende, immer gefährdete soziale mikropolitische Konstruktion. (Ortmann)

- Entscheidungseinrichtungen, die darüber hinwegtäuschen und/oder -trösten sollen, dass Entscheidungen gar nicht möglich sind. Das Eigentliche von Organisation ist – nicht: Hierarchie, Sachargumentation, Zeitdruck, Macht, Argumente …, sondern: „nichts als Willkür". (Luhmann)

- Interpretationssysteme, die über eigenständige, weitgehend geteilte Raster der Wirklichkeitskonstruktionen („dominant logics") verfügen. (Müller-Stewens/Lechner)

- Mittel zur Machtverteilung und zur Vermeidung von Unsicherheit. (Hofstede)

- Organisationen halten Leute beschäftigt, unterhalten sie bisweilen, vermitteln ihnen eine Vielfalt von Erfahrungen, halten sie von den Straßen fern, liefern Vorwände für Geschichtenerzählen und ermöglichen Sozialisation. Sonst haben sie nichts anzubieten. (Weick)

Literatur

Ariely, D. (2008): Denken hilft zwar, nützt aber nichts. München.

Doppler, K./Lauterburg, Ch. (2000): Change Management. Den Unternehmenswandel gestalten. 9. Aufl., Frankfurt/M. – engl.: (2001): Managing Corporate Change. Berlin.

Duck, J. D. (2001): The Change Monster. The Human Forces that Fuel or Foil Corporate Transformation and Change. New York.

Fischermanns, G. (2009): Praxishandbuch Prozessmanagement. 8. Aufl., Gießen.

Heuser, U. J. (2008): Humanomics. Die Entdeckung des Menschen in der Wirtschaft. Frankfurt/M.

Hofstede, G. (2006): Lokales Denken, globales Handeln. Interkulturelle Zusammenarbeit und globales Management. 3. Aufl., München.

Ings, S. (2007): Die unerbittliche Pünktlichkeit des Zufalls. München.

Jullien, F. (2006): Vortrag vor Managern über Wirksamkeit und Effizienz in China und im Westen. Berlin.

Kaplan, R. S./Norton, D. P. (1997): Balanced Scorecard. Stuttgart.

Kirsch, W./Seidl, D./van Aaken, D. (2009): Unternehmensführung: Eine evolutionäre Praxis. Stuttgart.

Kostka, C./Mönch, A. (2006): Change Management. 7 Methoden für die Gestaltung von Veränderungsprozessen. 3. Aufl., München.

Krugman, P. (2006): Graduates versus Oligarchs. In: New York Times (27.02.2011), S. A19.

Kühl, S. (2011): Organisation. Eine sehr kurze Einführung. Wiesbaden.

Müller-Stewens, G./Lechner, Ch. (2005): Strategisches Management. Wie strategische Initiativen zum Wandel führen, 3. Aufl. Stuttgart.

Ortmann, G. (2007): Gute Besserung. Organisationen als Placebo-Responder. In: zfo (04), S. 231–237.

Literatur

Perrow, C. (1989): Normale Katastrophen. Frankfurt/M.

Rasche, A. (2008): The Paradoxical Foundation of Strategic Management. Berlin.

Rüegg-Stürm, J. (2004): Das neue St. Galler Management-Modell. In: Einführung in die Managementlehre. Hrsg. von Dubs, R. u.a. Bern, Bd. 1, S. 65–141.

Silberstang, J./Hazy, J. K. (2008): Toward a Micro-Enactment: Theory of Leadership and the Emergence of Innovation. In: The Innovation Journal: The Public Sector Innovation Journal, Vol. 13 (3), 2008, article 5.

Simon, H. (2000): Das große Handbuch der Strategiekonzepte: Ideen, die die Businesswelt verändert haben. Frankfurt/M.

Staehle, W. (1999): Management. 8. Aufl. München.

Titscher, S./Meyer, M./Mayrhofer, W. (2008): Organisationsanalyse. Konzepte und Methoden. Wien.

Weber, M. (1922): Wirtschaft und Gesellschaft. Tübingen

Weick, K. E. (1995): Der Prozess des Organisierens. Frankfurt/M.

Wippermann, F. (2011): Führungsdialoge. Respekt zeigen und souverän führen. Regensburg.

Quellen im Internet

BWL
http://www.pst.de/index.php?id=60

Frühwarnsysteme
http://www.fruehwarnsysteme.net/fruehwarnsys/glossar.html

Innovation
http://www.innovationsprozesse.com/

Komplexität und Führung
http://complexityleadership.wikispaces.com/

Management, allgemein
http://www.12manage.com/index_de.html

Projektmanagement
http://www.projektmagazin.de/glossar/

Qualität
http://www.quality.de/lexikon/index.htm

Spieltheorie
http://www.spieltheorie.de/

Vernetzungen zwischen Begriffen
http://beat.doebe.li/bibliothek/index.html

Management-Tools
http://www.vorest-ag.com/de/TOOLS/Toolsansicht.html

Wirtschaft
http://www.onpulson.de/lexikon/
http://wirtschaftslexikon.gabler.de/Homepage.jsp

Alphabetische Inhaltsübersicht

Von 20/80-Regel bis Zweck

Stichwortverzeichnis

Fett gedruckte Seitenzahlen verweisen auf die ausführliche Begriffserläuterung.

Stichwortverzeichnis